U0049607

★ 內藤誼人 ── 著　劉格安 ── 譯 ★

沒人看見的時候，
就要過得
舒舒服服

用60%精力創造99%效率，
不努力生活法大全【總之你會越來越輕鬆就對了！】

がんばらない生き方大全 世界最先端の心理学が教える
「無理せずパフォーマンスが上がる」方法

第 3 章
憂鬱退散！讓壞心情瞬間消失的方法

第 4 章
神之心流！迅速進入超集中狀態的方法

第 5 章
轉念練習！不被憤怒與悲傷左右的方法

第 6 章

有做就有效！從身體整頓內心的方法

第 7 章
停止內耗！讓心緩緩沉靜下來的方法

實踐不努力生活法，輕鬆創造好表現

人，不是機器人，就算上司說：「給我好好做事！」而且自己也認為：「必須好好做事才行！」偏偏就是會有那麼一天，什麼事情也不想做。如果是機器人還比較簡單，按下電源開關就會立刻動作，但對人類而言，卻難如登天。

不想努力的時候，就不要再努力了吧。

反正內心都擠不出一絲一毫的幹勁了，嘗試「努力」也只是無謂的掙扎而已。反正再怎麼樣都生不出幹勁，只會讓自己更陷入沮喪的情緒，認為「我真是無可救藥的人……」而已。

話雖如此，「如果不努力工作，生活會陷入困境」也是不無可能的事。因此，若從現實的角度來思考，最佳的策略就是：

凡事盡量不要太努力，
但依然做到一定程度的表現。

　　雖說生不出幹勁，但工作老是混水摸魚的話，遲早會被炒魷魚。
這樣悲慘的下場是無論如何都得避免的。相信各位讀者也不想成為人
生的失敗者對吧？

　　那麼究竟該怎麼做，才能夠不必活得那麼努力、那麼拼命呢？

　　答案就在本書中。本書充分集結了

即使不那麼努力，
也能好好生活下去的心理技巧。

　　無論是什麼樣的人，應該都能夠做到在工作上提升業績、表現出
色，同時學會「不努力生活法」才對。

　　當然，本書並不會要你採取「不想做就不要做」，或「缺乏幹勁
就不去上班」這種不負責任的態度。作者的出發點純粹只是提供讀者
一些「盡量減輕心理上的負擔，同時不需搞到汗流浹背，也能順利提
升表現的心機訣竅」而已。

說實話，有些人明明也沒有整天埋首於工作堆裡，卻能在工作上創造佳績，賺得滿缽滿盆，而且個人生活也過得相當豐富充實，這種人通常也都使用了本書的心理技巧，只是可能他們自己沒有發現而已。

世界上那些「做事如魚得水的人」，
每個人都實踐著本書所提倡之
「不努力生活法」的心理技巧，
並且深蒙其利。

　　以上，前言就大概先說到這吧。

　　可能有讀者會心想：「聽起來真是一本可疑的書……」這點請不必擔心，本書介紹的心理技巧全都是有研究根據、並發表在頂尖學術期刊上的內容，因此請儘管放心地讀到最後。

　　我保證大家一定能夠獲得許多令人茅塞頓開的心理學知識。

第 1 章

毫不費力！
提升表現最簡單的方法

觀看自己的影像就對了

實驗

在比賽前讓 10 位男女跳水選手觀看自己跳水的影像。

結果

比賽結束後,在 1 小時內進行訪談。

這個實驗獲得了許多選手積極正面的回饋,例如:「從影像中觀看自己的表現,有助於產生許多自我反思,激發更多動力或產生自信。」

渥太華大學(加拿大)阿曼達 · 雷默(Amanda Rymal)的實驗

換句話說,這是什麼意思呢?

從影像中觀看自己平常的表現,

能讓人客觀地檢視自我,

因此,腦中自然會浮現可加強改善之處。

解說

可以的話,不妨請同事或親友幫忙,把自己平常工作的畫面錄成影像。

我們其實不太了解自己在工作時是什麼模樣。因為是跟自己有關的事,所以總以為自己是最清楚的,但實際上並不是那麼一回事。

藉由相機或智慧型手機錄下自己的模樣,在觀看的過程中就能客觀檢視自我,因而注意到許多細節。

「原來我坐著辦公時，姿勢這麼難看啊。」

「原來我招待客人時，看起來這麼缺乏幹勁啊。」

在觀看實際的影像之前，往往不太容易注意到這種事情。

像這樣從影像中確認自己的模樣，又稱「自我示範法」。許多運動選手會採用這種方法，先錄下自己的練習畫面或比賽中的模樣，再反覆觀看檢視。

如果平常就養成自我觀察的習慣，相信一定會逐漸發現哪些地方可以進一步改善。

不只是運動選手，上班族應該也可以好好加以運用這種技巧。

先錄下自己平常的工作姿態，然後在「感覺今天沒什麼幹勁」的時候，拿出自己的影像來瞧一瞧。

如此一來，腦中就會浮現「原來如此，這個部分就試著這樣改善看看吧」，或「這樣做是不是就能更輕鬆地完成工作」等想法，而那將能幫助我們提升幹勁與動力。

生活或工作中，遇到實在提不起幹勁時，就算再怎麼自我要求說：「必須提起幹勁才行！」也不可能隨心所欲輕鬆做到。

在這種時候，只要放空心思觀看自己的影像即可。如此一來，腦中就會浮現許多關於自己的可改善之處，而那將成為扳機，扣下之後會連同幹勁一起發射出來。

結論　提不起幹勁時，就算只是觀看自己的影像，也能夠獲得一些改善的靈感。

多觀察厲害的人怎麼做就對了

實驗

　　讓 24 名初學羽毛球的男大生練習揮拍。

步驟 1　先請他們接受基礎訓練，學習球拍的握法或跑位的步法等初階動作。

步驟 2　接著，給他們觀看 20 分鐘專業選手的影片。

結果

　　明明只看了影片而已，這群男大生的正手打法與反手打法都比基礎訓練時明顯進步許多。

加州州立大學（美國）沙加緬度分校
史蒂芬・葛雷（Steven Gray）的實驗

換句話說，這是什麼意思呢？

即使「只是觀看專業選手的影片」，
也能有效吸收技巧，提升球技，把羽毛球打得更好。

解說

　　提不起幹勁時，不妨試著看看別人工作的樣子。職場上多少都有幾個比自己更能幹的前輩，或工作能力數一數二的上司，只要偷師那些人的工作模樣即可。

　　由於這個方法的概念是模仿「楷模」（模範）的做法，因此稱為「模仿法」。

「喔喔，原來○○前輩採取的是這種做法啊。」

「唉呀，原來△△的手部動作跟我不一樣。」

提不起幹勁時，請安排一段這樣的觀察時間。或者當你工作累了想休息一下時，也可以試著這麼做。

當然，自己好好揮汗練習也不錯，我的意思並不是說那樣的練習沒有必要，不過我們可以記住的是，「偷師厲害的人」的做法其實非常有效。

同理，在工作上也是如此。雖然自己埋首努力試錯，磨練自己技術與實力的姿態十分了不起，但就算不這麼做，其實只要觀察厲害的人怎麼做，也能透過模仿學習培養出一定的能力。

廚師也好，木匠也罷，這些被稱作師傅的人，自古以來就是用「模仿法」來精進手藝。

畢竟師傅們本來就不會那麼仔細地手把手教學（笑），下面的徒弟勢必得靠模仿法精進技藝才行，但是說真的，那樣的教學法或許也沒什麼不好。

順帶一提，可能有人會心想，文書工作只不過是坐在辦公桌前做事而已，哪裡有什麼技術可言。然而，如果你真的仔細觀察工作能力強的人就知道，他們在很多細節上的做法跟一般人不一樣，例如文件的擺法或筆記的寫法等等。請儘管把這些招式偷學起來吧。

結論	只要觀察高手的動作、行為或做法，自己也會在不知不覺間變得愈來愈厲害。

看看充滿活力的人就對了

實驗

　　找來一群幾乎沒有游泳經驗的小朋友，也向父母親確認過這些小朋友是怕水的。

A 組

　　讓這組小朋友觀看 7 分鐘的影片，內容是一群同齡的男孩與女孩，一邊游泳一邊興高采烈地喊著：「這太簡單了！」「游泳好好玩！」「我還會這一招呢！」

B 組

　　這組小朋友同樣觀看 7 分鐘的影片，但內容是與游泳完全無關的卡通動畫。

　　看完影片後，連續 3 天訓練同一群小朋友游泳，每天訓練 20 分鐘。讓他們練習把臉浸入水中、咕嚕咕嚕地吐氣、把整顆頭潛入水中、全身放鬆趴著浮在水面上等 6 種技巧。

結果

　　在練習前先看過其他同齡小朋友在水中玩樂影片的 A 組，幾乎都在 3 天內成功學會游泳訓練的 6 種技巧。看來他們在看過其他小朋友說「簡單、簡單」以後，自己也產生了「我好像也做得到」的念頭。另一方面，B 組的小朋友雖然也很努力學習，但平均只完成了 4.5 種技巧。

維吉尼亞大學（美國）莫琳 · 魏斯（Maureen Weiss）的實驗

換句話說，這是什麼意思呢？

看到其他人游泳游得很開心，或是看起來很簡單的話，就會覺得「自己好像也做得到」，實際上更容易適應水性。

解說

我們會受到眼前見到的人影響。

就算本來是性格慢條斯理的人，看到在同個職場工作的同事們人人都很有活力，久而久之也會被感化，逐漸變成充滿活力的人。

如果你無論如何都提不起幹勁，不妨看看那些三兩下就把工作解決的人吧。

據說前日本國家足球隊隊長長谷部誠，也使用過模仿法。只是他模仿的對象，並不是其他的足球選手。

根據長谷部的說法，當他提不起幹勁或內心迷惘時，就會去看看在工地做事的大叔們，看他們頂著夏日的炎熱艷陽，揮汗如雨的模樣（參考長谷部誠的著作《整頓內心》）。相信他看到那些在工地賣力工作的建築工人時，內心一定也跟著產生了自己必須努力的念頭。

「實在沒有力氣做事」時，只要看看其他人努力的樣子，就會產生「我也再堅持一下好了」的心情。例如搜尋運動員跑步之類的影片，或許也是不錯的方法。

結論　提不起幹勁時，只要看看那些充滿活力的人，自己也會跟著產生力量。

想辦法讓自己被看見就對了

實驗

在大學校園內的慢跑路線上，用隱藏攝影機拍攝跑步的學生。

拍攝內容

其中一段路線會經過草皮，在那裡安排一名女助理站崗。測量學生跑步經過她面前時的時間。

結果

在有女助理關注的地方跑步時，跑 45 碼花費的時間	<	在沒有女助理關注的地方跑步時，跑 45 碼花費的時間

結果顯示，大部分的人經過女助理面前都會加快速度。只要有助理的視線關注，即使是看起來很疲憊的人，也會一口氣加快速度。

加州州立大學（美國）
查爾斯 · 沃林漢姆（Charles Worringham）的實驗

換句話說，這是什麼意思呢？

一想到有其他人看著自己跑步，就會不自覺想給對方留下好印象，甚至能發揮出平常無法發揮的力量。

解說

　　在我還是高中生的時候，每到了接近長跑比賽的日子，體育課的地點不會在操場，而是轉到市區內某段固定的路線跑步。大部分學生一踏出校門口，因為沒有體育老師盯著，便會開始意興闌珊地放慢步伐，但有趣的是，每次經過某個特定的地方，大家就會同時邁開步伐向前跑。

　　那個地方就是女子高中的校門口（笑）。每次經過學校前面，每個人都會加快速度。到底是哪來的神祕力量呢？真讓人猜不透對吧。

　　後來我才學到，這種現象在心理學中稱為「社會促進」。

　　如果一直都提不起工作幹勁，不妨拜託前輩或上司說：「請您有空的話，不時看看我工作的樣子吧。」這是相當不錯的主意，只要想到有人在盯著自己看，人就不太會鬆懈下來。

　　2020 年由於新冠病毒肆虐全球，遠距工作模式一下子在社會上盛行起來。由於「只要在家工作即可」，大部分人可能一開始都心想著：「太好了。」不過，應該也有很多人在家工作一段時間以後，開始逐漸感覺到「好像沒什麼幹勁」。

　　這是因為家裡跟辦公室不同，不但沒有半個同事，也沒有任何人看見自己工作的模樣。在這樣的狀況下，是人一定都會想要偷懶。

　　這一切都是因為我們在有人看著的時候，比較容易打起精神做事，但沒有人看著的時候，真的會不自覺變得很懶散。

結論　變得散漫的時候，不妨讓自己置身在有人看得見的環境（咖啡店或圖書館），刻意提高緊張感。

把工作任務細分化就對了

實驗

找來一群 7 歲到 10 歲的小朋友,請他們「完成 1 本數學練習簿」。那本練習簿很厚,總共有 258 頁。

A 組

直接交給孩子們 258 頁的練習簿,讓他們自己完成。

B 組

交代孩子們分配頁數,並說:「每天寫 6 頁,一點一點來完成。」每天寫 6 頁的話,大約 1 個半月就能完成整本練習簿。

結果

調查練習簿全部完成的小朋友比例,結果 A 組為 55%,將近一半的人都落後了。反觀 B 組,卻有 74% 的小朋友寫完整本練習簿。每 4 人就有 3 人完成任務,可見這個方法十分有效。

史丹佛大學(美國)亞伯特 ‧ 班度拉(Albert Bandura)的實驗

換句話說,這是什麼意思呢?

看起來無法在 1 天內完成的練習簿,只要設定階段性的小目標,每天一點一點學習,就會產生幹勁,不易感到挫折。

解說

如果眼前該做的工作堆積如山,勢必會感到厭煩,很難產生幹勁。一想到「哇,這些全部都得做完嗎……?」壓力肯定會大到喘不

過氣來。這是人之常情，絕對不是什麼「我是個沒有抗壓性和幹勁的人……」這麼單純的結論。

在這種情況下，不妨想一想如何把手上待辦的大分量工作，盡可能分割成小分量的工作。只要徹底地細分化，就能改變對每一項工作的心態，變成「這麼一點工作，大概早餐前就能解決了」。

一項一項解決掉小分量的工作，在心情上也比較輕鬆。

正是因為想要一口氣解決大分量的工作，內心才會感到壓力重重。假如先把焦點放在眼前小分量的工作上，應該就能抱著「沒什麼，小事一樁！」的輕鬆心態著手處理。

這種做法有很多種名稱，有人稱之為「瑞士乳酪法」，也有人叫它做「食象法」等等。

一大塊瑞士乳酪很難一口氣全部吃完，但如果切成小碎塊，一個一個吃的話，就沒那麼麻煩了。只要持續地一口一口吃進，就算是很大塊的瑞士乳酪，也能夠在不知不覺間吃得一乾二淨。這就是所謂的瑞士乳酪法。

把瑞士乳酪代換成大象，就變成了食象法。即使是體型龐大的大象，只要切成小塊的肉片，任何人都有辦法吃完一整頭大象。說來說去，都是同一回事。

前述的心理學研究透過實驗證實了，這種分割法是非常好的技巧。

結論 看起來難以完成、分量多到令人厭煩的工作，就要細分化。準備幾個小目標，比較能夠讓人產生幹勁執行。

不要單打獨鬥，分工合作就對了

調查

調查 199 名（男性 96 名、女性 103 名）100 公尺自由式游泳選手，參加以下比賽時的紀錄。

① 1996 年到 2008 年的奧運
② 1998 年到 2011 年的世界錦標賽
③ 2000 年到 2010 年的歐洲錦標賽

結果

團隊接力游 100 公尺的時間	<	個人游 100 公尺的時間

結果顯示，團隊接力時的成績比較好。此外，接力賽中責任重大的最後一棒，同樣也更容易表現出比個人賽還優異的佳績。

明斯特大學（德國）約阿希姆 ‧ 霍夫梅耶（Joachim Hüffmeier）的研究

換句話說，這是什麼意思呢？

相較於為了自己而戰的游泳賽事，
選手在為了夥伴的接力賽上，
更能夠意識到自己的責任而努力。

解說

　　讀書或工作都是同樣的道理，有時比起自己單打獨鬥，大家齊心協力的效果會比較好。

　　在工作上也是，只要讓大家組成團隊或小組，彼此分工合作的話，心裡就會覺得不能因為我一個人偷懶而拖累大家，因而發揮出連自己也難以相信的力量。

　　游泳基本上是個人競技，但也有接力賽的形式。對游泳選手而言，無論是單獨游泳或是團隊接力游泳，如果都是同樣的選手游同樣的距離，理論上時間應該都會一樣才對，因為游泳的技術不可能在比賽時突然大幅提升。

　　然而，在接力賽的時候，選手往往會產生更強烈的動力，認為：「我不能給其他隊員添麻煩！」因此更奮力加速，而創造更好的成績。

　　難道同一個人永遠都只會有同樣的表現嗎？當然不是，因應單打獨鬥或是團隊合作的情境不同，人的表現也會在不知不覺間有所改變。

　　如果我是工廠廠長或公司部門的團隊領導者，我應該不會讓大家各做各的，而是會把底下的人分成小組來工作。因為可以預期的是，分成小組作業，生產力應該會明顯提升。

　　當你要著手處理獨自一人應付不來的事情時，號召一群人共同來完成，是很棒的主意。

結論　**自己做事無法產生動力的時候，**
就找其他人一起加入行動。

放手交給其他人去做就對了

實驗

針對在飯店工作的員工，用以下的條件來比較各組的工作狀態。

☑ **權限下放組**：現場的判斷與決策全權交給員工。

☑ **權限有限下放組**：員工可以根據指引做出判斷與決策。

☑ **無權限下放組**：員工必須全部仰賴上司
的判斷和指令。

結果

經過調查發現，員工做起事來最為幹勁
十足的，是權限下放組。

昆士蘭大學（澳洲）葛拉漢 · 布萊德利（Graham Bradley）的實驗

換句話說，是什麼意思呢？

一旦被賦予判斷與決策的權限，員工就會產生幹勁。

解說

上面交代下來的工作，一定要全部由自己來完成嗎？那可不一定。

在現實中，有時即使讓其他人來代替自己完成工作，也不會有任何問題。不，有時交給其他人去做，反而還會得到比自己親自動手做明顯更好的成果。

在心理學中，這種技巧稱為「賦權」。賦權就是「權限下放」的

意思，也就是把自己所擁有的權限交給其他人，讓那個人來執行所有事情。

Honda 創辦人本田宗一郎是徹頭徹尾的工程師。因此，他甚至把社長的印章交給自己信任的藤澤武夫，讓他全權代替自己經營公司。本田並不認為「因為我是社長，所以必須嚴密監控組織的所有動向」，反而以「太麻煩了，反正我也做不好，而且我也不想搞什麼經營」為由，把事情全權交給藤澤。

我們不妨也效法一下本田創辦人的做法吧（笑）。

凡是遇到「感覺提不起勁」的工作，儘管讓別人代替自己去做就對了。如果各位是上司的話，請信任你的部下，儘管把工作都交給他們去做。

對於部下或後輩來說，與其被前輩或上司動不動插嘴指點，倒不如全權任由他們發揮，這樣或許「做起事來反而沒那麼綁手綁腳」。他們可能也會感覺到「原來我深受上司信任」，進而變得更有幹勁。

順帶一提，據說在麗思卡爾頓飯店，為了應對客人的投訴，包含門僮在內的所有員工，都有 2,000 美元的預算，可以自行裁量要支付多少和解金〔參考羅伯特 ‧ 庫柏＆艾門 ‧ 薩瓦夫（Robert Cooper & Ayman Sawaf）的著作《商務情商》（*Executive E. Q.*）〕。看來是因為建立這樣的制度，所以員工也都個個充滿活力與衝勁。

結論　試著考慮把自己的工作全權交給其他人去做。其實有很多事情，放手交給別人去做，反而能得到更好的成果。

尋找輕鬆的職場就對了

研究

調查 1,020 名超級優秀的天才兒童。

A 組

在特殊班級與資優生一起上
課學習。

B 組

在普通班級與一般小朋友一
起上課學習。

結果

- **A 組** 當身旁圍繞著一群比自己更優秀的同學時，即使自己再怎麼
  優秀，也會認為「我的頭腦很差，考試也考不好」。

- **B 組** 與一般小朋友一起學習的資優生，心理上不會像 A 組的資優
  生一樣感到沮喪。

海法大學（以色列）摩西 · 蔡德納（Moshe Zeidner）的研究

換句話說，這是什麼意思呢？

在身旁圍繞著一群資優生的地方，很難產生熱忱與鬥志。一
想到自己即使努力也「沒有勝算」，人就會失去幹勁了。

解說

　　心理學中有個著名的原理，叫「蛙池效應」，指的是「人在自己可以成為第 1 名的地方會很有衝勁，但當身邊眾人都很優秀時，卻會失去動力。」

　　另外，也有個著名的成語叫「雞口牛後」對吧，意思是「與其當牛的屁股，不如當小小的雞嘴還比較幸福」，跟蛙池效應指的是同一件事。

　　如果各位讀者覺得「討厭去公司上班」或「無法提起動力」的話，會不會是因為在職場上的同事，淨是一些比自己更優秀的人呢？

　　如果是這樣的話，或許可以考慮跳槽到薪水稍微低一點，但同事並非全都那麼優秀的職場。由於頂尖大企業四處充斥著優秀的人才，因此不妨轉換目標，找找看有沒有做起事來更游刃有餘的職場環境。

　　在現實世界裡，被迫降職調到同事能力都比自己差的部門，反而更能發揮自己實力，類似的情形所在多有。

　　必須很勉強才能跟得上旁人的狀況，實在不能算是對心理有益的環境。

結論　提不起勁時，考慮換到團隊整體程度落後自己一點的地方，游刃有餘地工作，也是一種好方法。

喝最貴的能量飲料就對了

　　把 125 名大學生分成 2 組玩字謎遊戲，但在解字謎之前，先請這群人喝同款的能量飲料，並騙他們說：「喝了這瓶飲料，大腦就會活化，也更容易解開字謎。」

A 組（約半數人）

　　交給 A 組的能量飲料上貼著定價「1.89 美元」的價格標籤。

B 組（約半數人）

　　交給 B 組的能量飲料上面，定價處加貼「0.89 美元」的折價標籤。

史丹佛大學（美國）巴巴 · 希夫（Baba Shiv）的實驗

結果

　　喝了貼有定價標籤飲料的組別，平均可解開 9.7 個字謎，但喝了貼有折價標籤飲料的組別，平均只解開了 6.75 個字謎。

換句話說，這是什麼意思呢？

飲用比較貴的能量飲料，
可以強化「這會發揮效用！」的信念。

解說

遇到重要的活動，或必須在重要客戶面前發表簡報之類的場合，想要將自己所擁有的能力發揮到極致時，該怎麼做才能提高動力呢？

最簡單的方法，就是上班途中去藥局一趟，喝下最貴的能量飲料。雖然要花上幾千日圓的費用，但一口飲盡之後，會產生令人難以置信的幹勁。

我本身並不是營養學家，因此不清楚每一種能量飲料裡面所含的成分。但是我保證，這可以讓人產生很強烈的信念，認為：「我都喝了這麼貴的能量飲料，體內一定會湧現源源不絕的能量！」然後只要像這樣自我暗示，人真的就會渾身充滿動力。

很多人都知道在醫學的領域裡，即使是完全沒效的藥物，只要醫生強烈暗示說：「這很有效！」並讓患者服用，真的就會發揮效果。這種現象稱為「安慰劑效應」，而靠能量飲料也有機會獲得這種奇效。

平常可以不需要這麼努力，但是碰到「今天一定要好好表現！」的特別日子，不妨來罐最貴的能量飲料吧。就這麼一個小動作，肯定能讓當天的表現判若雲泥。

說來我自己也是，每到了演講或要擔任講師的日子，還有出演不習慣的電視節目等場合，我一定會在當天早上先喝一罐最貴的飲料再出發。所謂的自我暗示，總會帶給我們無比驚人的效果，並親身體驗到自己表現得有多好。還請各位讀者務必試一試這個神奇的方法。

結論　碰到無論如何都必須努力的日子，先來罐最貴的能量飲料再開始工作。

對自己加油打氣就對了

實驗

　　針對 55 名每週訓練 5 ～ 6 天的游泳選手進行以下的實驗。他們預計要參加 2 場比賽，中間間隔 10 週。

A 組

　　在比賽與比賽之間的空檔，請 29 人接受自我對話（替自己加油打氣的技巧）的訓練。

（自我對話範例）

「你可以的！」

「你的實力不只這樣吧！」

「再努力一點！你一定辦得到！」

B 組

　　其餘 26 人不接受自我對話訓練，直接參加第 2 場比賽。

結果

● **A 組**　第 2 場比賽的成績比第 1 場更好。

● **B 組**　第 1 場與第 2 場比賽的成績幾乎一樣。

色薩利大學（希臘）

安東尼斯 · 哈茲格魯吉亞迪斯（Antonis Hatzigeorgiadis）的實驗

換句話說，這是什麼意思呢？

透過自我對話，選手獲得勇氣、產生自信、激發幹勁，練習的質和量都有所提升，所以第 2 場比賽的成績進步了。

解說

替自己加油打氣的技巧，稱作「自我對話」。這種技巧以提高自我動力的效果而為人所知。

人類是非常脆弱的生物，時而沮喪，時而失去自信，都是很常見的事。不過只要學會自我對話，隨時都可以自我鼓勵或再次得到勇氣，非常方便對吧？因為這樣就不需要依賴他人或找心理師諮商了。只需要自我鼓勵，讓自己產生鬥志和力量即可。

自我對話並沒有那麼困難。

只要把你認為「如果有人這樣對我說，我一定會很高興」的台詞列成清單，再對自己講那些台詞就可以了。

「不知道有什麼台詞……」如果毫無頭緒的話，也可以重複同樣的句子說：「我可以的，我可以的，我可以的！」或是「我會做到，我會做到，我會做到！」不見得每次都一定要說不同的台詞。

自我對話會熟能生巧，所以即使只是每天一點點也好，不妨練習看看替自己好好加油打氣吧。

結論 工作陷入疲乏狀態時，只要對自己加油打氣說：「再撐一下下就好！」「再努力 5 分鐘吧！」就能再度產生力氣在最後一刻奮力一搏了。

先設定目標就對了

調查

　　訪問 10 名資歷超過 10 年的運動心理學家（6 名男性、4 名女性，平均 41.4 歲），談論「培養自信的方法」。

結果

　　這 10 個人不約而同都提到了「設定目標」。

雪菲爾哈倫大學（英國）
克里斯 · 博蒙特（Chris Beaumont）的調查

換句話說，這是什麼意思呢？

只要替運動選手設定目標，他們就會產生自信。

解說

　　最近有愈來愈多職業運動選手雇用專屬的心理學家，幫助他們進行心理層面上的管理或培養自信。畢竟職業選手也是人，總是會有失去幹勁或陷入低潮的時候。這時能夠依靠的對象，應該就屬心理學家了。

　　那麼心理學家究竟都用什麼方法，來讓運動選手培養出自信呢？

　　據說要讓他們產生自信，最好替他們設定合適的目標，一步一步累積成功經驗。每當跨過一道門檻，就能更加強化「我果然是天才！」或「我其實還滿厲害的嘛」等正向的心情，所以設定目標的確可以說是很棒的方法。

設定目標的重點在於設定短期目標與長期目標這 2 種目標。

所謂的短期目標，就是只要努力就有可能在幾天內或 1 週左右達成的目標。訣竅是，把目標設定在「稍微努力就能觸及」的地方。

長期目標則是指有可能在半年到 1 年內達成的目標。如果硬要說的話，這比較像是「未來有可能實現的夢想」吧。

若先設定好目標，達成目標的流程也會變得比較明確。由於可以很清楚掌握「什麼事情該做到什麼程度」或「怎麼做才能達成期望的成就」，因此自然而然就會激發出前進的動力。

反過來說，沒有目標的人就會過著每天漫無目的的日子。

如果各位讀者覺得自己好像過著毫無作為的生活，說不定就是因為沒有目標的緣故，這樣是不好的。

設定目標並沒有那麼難，例如你可以設定像是「我想在幾歲之前買房」、「我想在幾歲之前賺到多少錢」或「我想在工作上達到這樣的業績」，先試著設定長期目標作為自己的核心，接下來再一步一步回推設定更細的短期目標，來達成你的長期目標。如此一來，自然而然也會產生「好，我來努力看看！」的念頭。

據說軟銀的創辦人孫正義曾有一幅很明確的藍圖：「20 幾歲成名，30 幾歲至少賺到 1 億日圓，40 幾歲一決勝負。」

結論 正因為設定了明確的目標，自己該做的事情才會更明確，生活也會更有動力，渴望變得愈來愈好。

每個月準備 1 次獎勵就對了

調查

　　針對一群參加 18 個月減重計畫的人，向其中確實成功減重的 261 人請教成功的祕訣。

結果

　　根據調查結果發現，所有成功的人都有執行一項措施，那就是「每個月 1 次的獎勵設定」。「如果確實成功減重了，就好好地獎勵自己一番。」由於事前設定了這樣的規則，因此大家都成功達成減重的目標。

布朗大學（美國）蕾娜・溫格（Rena Wing）的研究

換句話說，這是什麼意思呢？

減重很辛苦，但只要準備好獎勵，人人都可以完成長期奮戰、做出一番好成績。

解說

　　人類是會計較得失的生物，如果沒有什麼特別的獎勵，人是不會平白無故產生動力與幹勁的。

　　我們之所以願意日復一日心不甘情不願地去上班，也是因為有「金錢」這項獎勵。「請幫我工作。」如果有人這麼拜託我們，卻拿不出半毛錢的話，我們八成也不會有任何動力付出免費勞動吧。

假如決定好「要做一件事」，不妨連同獎勵也一併準備好。

因為有沒有準備好獎勵，會使動力的強度大小呈現天壤之別。

在蕾娜・溫格研究中的設定是「每個月有 1 次獎勵」，但如果覺得 1 個月實在太漫長了，也可以將時間間隔設定得更緊湊一點。

每天 1 個小小的獎勵、每週 1 個中等程度的獎勵、每個月 1 個稍微大一點的獎勵……諸如此類。只是千萬不能縱容自己，故意準備大得不得了的獎勵，因為這樣一來，獎勵也會變得毫無魅力。

舉例來說，像是努力了 1 天以後，當天晚上可以來罐頂級啤酒；努力了 1 週以後，那個週末可以去看場喜歡的電影；努力了 1 個月以後，可以安排一趟 2 天 1 夜的溫泉旅行，像這樣準備好數種獎勵或許也不錯。

只是每天的獎勵只能準備一點點，必須控制在「玩 2 小時電動」或「吃 1 顆巧克力」的程度。重點在於讓自己保持適度的焦急。

每週的獎勵則可以稍微奢侈一點，例如「享受豪華方案的按摩」或是「去美體沙龍」，稍微花點錢享受一下或許也不錯。

每個月的獎勵不妨再大手筆一點，當然前提是得先跟自己的荷包商量一下，但可以準備稍微盛大一點的活動，例如「參加自己最愛的登山活動」等。

結論　人都需要獎勵。如果沒有準備獎勵，實在很難提起太多的幹勁大步向前。

低聲咒罵髒話就對了

實驗

　　進行一場殘酷的實驗，在實驗中準備寒冷刺骨的冰水，請受試者把手放進去，並盡可能地忍耐。忍耐的時間最多 5 分鐘，但幾乎所有人都無法撐那麼久。這場實驗還有另一個設定，那就是同一位受試者要挑戰 2 次。

☑ **第一次是直接把手放進冰水中忍耐**

☑ **第二次是一邊罵髒話一邊忍耐**

　　事先已告知受試者，髒話就是當你頭撞到東西時，會不自覺說出口的字眼，大概就是像「Shit ！」或「God damn ！」之類的字眼吧。

結果

　　無論男性或女性，結果都是一邊罵髒話一邊挑戰時可以忍耐比較久。71 名受試者中，有 52 人（73%）都是在罵髒話時，忍耐的時間拉比較長。

	男性（22 名）	女性（49 名）
有罵髒話	130.27 秒	78.53 秒
沒罵髒話	82.95 秒	54.53 秒

※ 數值是平均的忍耐秒數。

基爾大學（英國）理查 ‧ 史提芬斯（Richard Stephens）的實驗

換句話說，這是什麼意思呢？

髒話能有效提升我們的忍耐力。

解說

必須連續好幾個小時進行困難的工作，或是工作上的痛苦狀況會持續一段時間，不得已處在必須忍耐的情況時，不妨一邊低聲咒罵髒話試試。

所謂的髒話，指的是「可惡！」「混蛋！」「白癡！」「王八蛋！」之類的字眼。

由於這不是什麼很有水準的做法，因此咒罵時必須盡可能地壓低聲量（笑）。

髒話具有莫名讓人提升忍耐力的效果。

因此，想要克服一些令人困擾的狀況時，請務必借用一下髒話的力量。

不過，根據前述理查・史提芬斯進一步的調查發現，每天出口成髒的人無法獲得「提升忍耐力的良好效果」。

可見髒話的威力最好留到緊要關頭再拿出來使用，因為每天使用的話，能發揮的效果似乎會打折扣。

結論 在「今天絕對要努力加把勁才行！」的關鍵時刻，把髒話拿出來使用。

在工作中帶入賭博性質就對了

實驗

將裝有 3.8 公升水的冷水壺，交給 40 名男學生與 47 名女學生說：「只要在 2 分鐘內成功用吸管喝到畫線處，就能得到酬勞。」畫線的地方在 1.4 公升，不過學生並不知道那是 1.4 公升。此時，告知 A 組下列的條件①，告知 B 組的則是條件②。

條件①

如果成功喝到畫線處，可以獲得 2 美元。

條件②

如果成功喝到畫線處，就可以玩擲硬幣的遊戲，獲得 2 美元或 1 美元。

結果

在條件①的 A 組中，完成任務的人數比例為 43%。在條件②的 B 組中，順利達標的人數比例為 70%。

香港大學（中國）沈璐希的實驗

換句話說，這是什麼意思呢？

被交代任務時，如果賭博性質高的話，反而比一般條件更能激發鬥志、令人產生強烈的企圖心。

解說

　　按照常理來想，應該是條件①比較好吧？因為確定可以拿到 2 美元。在這個條件下，如果喝水喝到畫線處的人數比例較多，好像也是很合理的事。

　　不過，我們在處理具有「賭博性質」的任務時，做起事來往往會更有動力，願意耗費更多勞力或時間在上面。比起確信「一定會成功」的工作，「不知道會成功或失敗」的工作，更容易讓人覺得有意思，並且不由自主地產生熱忱。

　　換句話說，像條件②這樣稍微帶點賭博性質的情況，人比較會產生幹勁，願意努力挑戰賭一把。

　　當工作實在提不起勁的時候，不妨試著在工作中帶入一點點賭博性質，例如，「如果能在今天之內做到這裡，回家路上就去便利商店買甜點犒賞自己吧。」

　　給自己的獎勵真的只要一點小東西就夠了，因為即使只是一點小小的獎勵，人只要能得到些簡單的小獎賞，就足以產生力量。

　　工作上一定會碰到必須認真處理的事情，不過與其一成不變地工作，不如增添一點遊戲性質或賭博性質，做起事來比較會感受到樂趣，進而產生幹勁。

結論　**上班怎麼樣都提不起勁時，不妨在工作中帶入一點賭博性質，提高娛樂性吧！**

第 2 章

自我鼓勵！
把負面情緒變成助力的方法

享受焦慮就對了

實驗

在法國佛日山脈的主題樂園進行實驗，檢驗逆轉理論（焦慮消除以後，會變成令人舒暢的興奮感）。

①詢問 46 名準備乘坐超刺激遊樂
設施的遊客，在乘坐前的焦慮程
度有多大。

②在出口再次攔住搭完遊樂設施的
遊客，詢問他們的興奮程度有多大。

結果

在乘坐超刺激遊樂設施之前，焦慮程度愈大的人，反而興奮程度也愈大。

蘭斯大學（法國）法比恩 · 勒格杭（Fabien Legrand）的實驗

換句話說，這是什麼意思呢？

正因為內心感到焦慮，乘坐遊樂設施時才會感到興奮。
焦慮絕對不是避之唯恐不及的情緒。

解說

我想焦慮感對我們來說，肯定是非常討厭的東西吧。不過，這裡不妨轉換一下思考的角度，也就是一旦焦慮消除了以後，就能得到非

常大的痛快感。

舉例而言，當我們必須在眾人面前發表簡報時，勢必會感到焦慮吧。說不定前一天晚上根本睡不著，也或許當天內心還會一直有種想要拋下一切逃跑的感覺。

然而，一旦順利完成簡報，心情就會立刻一掃煩悶，通體舒暢，並感受到「終於結束了～」或「順利完成了，太好了～」等非常暢快的情緒吧。這難道不是一件非常棒的事嗎？

如果有人在大家面前發表簡報，卻絲毫不感到焦慮的話，我們或許會「羨慕」那樣的人，但那其實是錯誤的想法。因為那樣的人即使完成任務，也無法得到爽快的舒暢心情啊。他們只會平平淡淡地結束簡報，完全感受不到興奮、喜悅等令人雀躍的痛快感，所以其實一點也不值得羨慕。

再大的焦慮都會在消除的那一刻，瞬間轉變為令人舒暢的興奮感。如前文所述，這在心理學中稱為「逆轉理論」。

人生不可能沒有焦慮，正因為焦慮，才能換來更大的興奮感。所以感到焦慮其實是一件很棒的事，大家不妨試著轉念這麼想。

結論　感到焦慮時，反而要開心才對，因為一旦焦慮過去，前方將會有巨大的喜悅在等著你。

把壓力轉換為幹勁就對了

研究

　　學者以 2004 年到 2011 年的紐西蘭黑衫軍（橄欖球國家隊）為研究對象。這段期間一直是由同樣的 3 位教練率領球隊，因此學者訪問了教練們主要是採取什麼策略帶領球隊。附帶一提，橄欖球是紐西蘭的國民運動，深受歡迎。

☑ 黑衫軍的選手們承受著無以言喻的壓力
　　（心理上的沉重壓力）。
☑ 黑衫軍的勝率是 75%。
☑ 選手們背負著「贏球頻率必須盡量高」的宿命。

結果

　　黑衫軍的教練們並未試圖減輕選手們的壓力，反而是設法讓壓力轉換為助力。具體來說，就是幫助選手建立積極的心態：「壓力是你們的特權。正因為你們的能力受到全世界認可，所以才會承受到壓力。」並順利地引導選手們產生幹勁。也多虧有教練的指導，黑衫軍在 2011 年獲得了世界盃橄欖球賽的冠軍。

奧塔哥大學（紐西蘭最古老的大學）肯・霍奇（Ken Hodge）的研究

換句話說，這是什麼意思呢？

黑衫軍聰明地運用了壓力。

解說

　　一般大家普遍認為壓力這種東西，會讓人喘不過氣來，是十分討厭的情緒。大部分人都想盡量避免感受到壓力吧？我想大家多少都希望隨心所欲地按照自己的步調做事。

　　然而，壓力這種情緒，其實並沒有那麼不好。

　　怎麼說呢？正因為有壓力，我們才會有動力向前。如果完全沒有壓力的話，因為人類生來就討厭麻煩，所以想必不會採取任何行動。

　　「如果不趁現在儲存糧食，冬天就會餓死。」

　　「如果不動動腦筋捕捉獵物，就無法獲得食物。」

　　正因為有這樣的壓力，人類才得以存活至今。

　　如果有人感受不到這樣的壓力，每天漫無目的地活著，那種人應該無法存活下來，也不可能繁衍後代。換句話說，今天我們身上流傳下來的基因，都來自有高度危機意識的人。

　　正因為有壓力，人才會產生鬥志與幹勁。

　　如果在工作上被交派困難的工作，或是被指派為專案主管，感覺很有壓力時，何不換個角度思考，告訴自己：「這是機會！」「是展現自己實力的大好良機！」

結論　感覺有壓力的時候，不要總是抱怨：「唉，真討厭，好煩喔。」反而要試著轉換成前進的動力。

心想「沒耐性的人更能出人頭地」就對了

調查

採集企業經營者、政治家、運動選手、神職人員等各種職業的男性唾液，測量他們的男性荷爾蒙的睪固酮量。

一般來說

易怒的性格 ➡	男性化 ➡	睪固酮量較多
溫柔的性格 ➡	女性化 ➡	催產素（女性荷爾蒙）量較多

結果

成功者不分領域，睪固酮量都比較多。

喬治亞州立大學（美國）詹姆斯・戴布斯（James Dabbs）的調查

換句話說，這是什麼意思呢？

無論是經營者、政治家或運動選手，易怒的人成功的可能性都比較大。

解說

「我為什麼動不動就為了小事生氣？」

「我為什麼這麼容易動怒？」

我想沒耐性的人，恐怕真的很討厭自己易怒的性格吧。話說回來，我自己也是很容易生氣的人，常常覺得為了小

事就破口罵人實在很討厭。

沒耐性的人在情緒爆發後，有可能會感到非常地沮喪，因此也會心想，「既然這樣，一開始不要生氣不就好了嗎？」但這實在是不太可能的事。

在各位讀者中，或許也有人相當討厭易怒的性格，然而，易怒並不是一件那麼糟的事。

「什麼？騙人的吧？」

或許有人會這樣想，但就如前文所述，這都是真的。對於性格易怒的人來說，是再好不過的數據了。

易怒的人在性格上比較男性化，所以是非常積極、會主動向前邁進的類型。這種類型的人，在各個領域成功的可能性都比較高。畢竟慢條斯理地在原地等待，是無法抓住機會的。

只是詹姆斯・戴布斯的調查也發現，神職人員的成功與否和睪固酮量沒有太大的關聯。這恐怕是因為要當一個成功的神職人員，不太需要有男性化的一面吧。

雖然不知道各位讀者在哪個行業工作，但如果你是易怒的性格，在任何領域成功的可能性都比較高，所以請儘管皮笑肉不笑地工作吧。

結論 易怒的人多半屬於比較積極的類型，因此在講求男性化特質的領域，出人頭地的機率比較高。

因為杞人憂天，所以做好準備就對了

實驗

找來 72 名大學生做心理測驗，測出他們是樂觀派或悲觀派之後，再問：「請問你覺得 10 天後的考試大概可以拿幾分？」

結果

☑ **悲觀的人**

預期「考試成績應該會很差吧」。

☑ **樂觀的人**

充滿自信地認為「大概會拿到很高分」。

然而，實際進行考試之後，反而是悲觀的人得到的分數比較高。

北卡羅萊納大學（美國）羅倫斯 · 桑那（Lawrence Sanna）的實驗

換句話說，這是什麼意思呢？

由於悲觀的人容易杞人憂天，因此更會加把勁認真讀書，當然能在考試中拿到好成績。

解說

杞人憂天或思考事物比較悲觀，絕對不是一件壞事，反而是做人的美德。杞人憂天的人具備著非常了不起的特質。

　　那就是因為對未來的一切存有各種擔憂，所以會比一般人做出更萬全的準備，也就是希望藉由萬全的準備，盡可能消除內心的不安。

　　一般來說，看事情比較樂觀的人，往往給人很受歡迎的印象。當然，樂觀思考也不是一件壞事，但樂觀的人幾乎不做準備，甚至可能有毫無根據就認為「沒什麼，我應付得來」的問題。

　　樂觀的人很容易自以為「我沒問題」，因此不太會周全準備考試。反觀悲觀的人常常擔心「這樣下去就糟了」，所以更拼死拼活地讀書。因此，成績揭曉以後就會發現，悲觀的人更常得到好成績。

　　工作上也是如此吧，愛擔心又悲觀的人，往往對未來充滿焦慮，所以為了撫平內心的焦慮，一定會比一般人加倍努力。因此，他們不會遭遇嚴重的失敗。

　　舉例而言，拜訪別人的公司時，容易擔心焦慮的人會非常謹慎地思考，「說不定會當場簽約，所以先準備好文件好了」、「把宣傳手冊也帶去好了」、「說不定會有其他大人物出席，所以多帶一些名片好了」等等，做出超過需求的準備。如果不這麼做，就會感到焦慮。

　　正因為像這樣全神貫注在準備工作上，反而給對方留下好印象的例子不在少數。因為做足充分的準備，才能做出毫無漏洞的應對。

　　反觀，樂觀的人就做不到這件事了，他們對未來的安排或計畫十分粗糙，常常粗心大意。要說何者比較好，當然還是處處小心謹慎的人比較好吧。

結論 在工作上杞人憂天的人，往往能創造出比較好的成果。

嫉妒也有好處，事情看好的一面就對了

調查

針對 21 歲到 64 歲的男女進行問卷調查，調查關於嫉妒的效果。

結果

調查發現嫉妒有許多正面的效果。

例如

愛嫉妒的人，對伴侶的魅力評價比較高。

他們比較願意說：「你很帥氣。」「你是全世界最美的。」

伴侶滿心愉悅。

加州州立大學（美國）柏克萊分校
阿亞蘭 · 派恩斯（Ayala Pines）的調查

換句話說，這是什麼意思呢？

愛嫉妒的人會討對方歡心，
因此伴侶感到高興的時刻相對多，
兩人關係更容易維持甜蜜融洽，得以長長久久。

解說

嫉妒這種情緒，基本上不太受歡迎，因為說起來其實是很見不得人的情緒。

　　然而，在戀愛中有強烈的嫉妒心，並非只有負面影響，其實也有正面的效果。但意外的是，沒有太多人知道這件事。

　　此外，根據阿亞蘭・派恩斯的說法，嫉妒這種情緒有助於長期維繫雙方的關係。

　　嫉妒心強的人會不惜做出各種努力，以討伴侶的歡心。持續不斷地費盡心思，就為了讓對方喜歡自己。他們可能覺得，如果不一直把對方捧在手心上，就會被其他人給搶走。

　　這對伴侶而言，是很值得高興的事。因此，長期來說雙方的關係會十分圓滿。

　　不會嫉妒的人，代表愛情的火熱程度沒有那麼強烈。正因為有強烈的愛情，才會醞釀出嫉妒的情緒，因此不容易嫉妒的人也難以在伴侶身上感受到過分強烈的愛意，當然就不會想為對方花費太多心思，多少有點不以為然地心想：「算了，被討厭就被討厭吧。」表現出冷淡的態度。因此，很多時候也很容易使對方感到厭倦，導致關係破滅。

　　雖然嫉妒心強烈到跟蹤狂的程度會很令人困擾，但適度的嫉妒反而會對人際關係帶來正面的作用，大家不妨對此有所認知。

　　根據派恩斯的說法，嫉妒心強的人因為會持續對伴侶感受到愛意，所以也不太容易發生倦怠期，據說還能過著充滿活力的生活。看來嫉妒背後似乎藏著各式各樣的正面效果呢。如果你對自己強烈的嫉妒心感到煩惱的話，不妨告訴自己，那樣的煩惱完全是庸人自擾。

結論 不擅長表達愛意的日本人，可以多少學習一下以強烈嫉妒心聞名的義大利人。

神經質也是優點，坦誠接受就對了

調查

以 46 名創業家為研究對象，包括製造、零售、技術服務等領域。

結果

| 神經質的人 | 手腳俐落的人 | 暴躁易怒的人 |

會做出許多創業家必須投入的努力，而且毫不馬虎。

科羅拉多大學（美國）傅茂德（Maw-Der Foo，音譯）的調查

換句話說，這是什麼意思呢？

神經質的人其實也是努力型的人。

解說

個性不拘小節的人，比較沒有時間觀念，也不太會確實遵守截止期限或交期。這種類型的人往往會嘻皮笑臉地帶過說：「畢竟是人嘛，不可能事事都那麼順利。」

做文書工作時也是，性格大剌剌的人就算出現一些錯別字，也會認為那是可以一笑置之的小事。列印出來的文字就算有點模糊，也會滿不在乎地心想：「算了，又不是完全看不清楚，就這樣吧」。

神經質的人做不到這些事，只要稍微有看不順眼的地方，就會堅

持弄到好為止，所以才叫神經質。

然而，由於這種神經質的人必然會好好檢視清楚工作的每個細節，因此能發揮出比一般人更高品質的工作成果。

藝術家或工匠也是如此吧。

像藝術家或工匠這類能做到有所成就的人，彼此的共通點就是神經質。正是因為他們會在小地方展現出個人的堅持，這份執著才能轉變為工作上的高品質。如果只是隨便做一做，不可能完成卓越的作品。

我想神經質的人通常也很清楚自己有多神經質，如果可以的話，很多時候，相信他們也希望自己的心能放得更開一點。

然而，一旦少了那塊神經質的部分，就會連那難得的「個人優勢」都消失殆盡。如果連個人優勢都跟著消失了，倒不如維持原本的神經質，不是更好嗎？

一般人只會檢查一次的地方，神經質的人總會反覆檢查好幾次，才能做到事先預防失誤。要搭乘電車或飛機時也是如此，神經質的人早早就會抵達車站或機場等候，因為他們會特別注意避免因遲到而錯過班次的情況，所以也就不可能會出現錯過車子或沒搭上飛機的烏龍事件。

不妨堂堂正正地抬頭挺胸，告訴自己：「比起大而化之的人，這樣的我一定能過上失誤更少的人生。」並坦誠地接受這樣的自己。

| 結論 | 神經質的人，就神經質地活下去吧。 |

設法稍微喘口氣就對了

實驗

針對「違背道德的行為」進行研究。

結果

一旦做出違背道德的行為……

因為產生罪惡感，
所以心情沮喪
✕

帶來喜悅或興奮的
感受
○

實驗者把這種現象命名為「騙子的興奮」（cheater's high）。

華盛頓大學（美國）妮可‧魯迪（Nicole Ruedy）的實驗

換句話說，這是什麼意思呢？

如果一直都保持品行端正，採取符合道德的行為，會讓人喘不過氣來。偶爾犯點小奸小惡，會獲得愉悅的紓壓感。

解說

不讓工作陷入倦怠的訣竅，就是在疲勞困倦前，稍微喘口氣。也就是說，如果能適時地稍作休息，就不會把自己搞得筋疲力盡了。

比方說，就算公司有固定的休息時間，也不妨根據自己的疲勞程度，選擇在適當的時間自行休息一下。

　　到咖啡店偷懶一下、在戶外逃生梯抽根菸、用公司電腦稍微上網逛一下，其實都是不該做的事，但這些「不該做的事」可以用來偷偷喘口氣。

　　話雖如此，千萬不可以做出會被公司炒魷魚的違規行為。就算被其他人發現自己正在偷懶，也必須克制在不會受到責難的程度才行。

　　試著把不要的文件撕得破破爛爛也行，反正最後都會放進碎紙機裡，所以不會是什麼大問題。或者把原來就計畫要處理掉的商品碎屍萬段，光用想的就覺得很痛快。

　　雖然可以用公司電腦上網逛些有趣的網站喘口氣，但瀏覽色情網站之類的則是不太值得鼓勵的行為，而且也有可能被告性騷擾。此外，盜用公司的錢是無庸置疑的犯罪行為。

　　如果是在食品製造業上班，不妨考慮做一些無傷大雅的事來喘口氣，例如偷吃幾口超過有效期限的甜點等等。

　　我在大學當老師，疲憊的時候偶爾會在空教室的黑板上，用粉筆塗鴉作為自己喘口氣的方式（笑）。例如我會畫哆啦A夢之類的塗鴉，真的超級紓壓。當然，我畫完之後一定會把黑板擦得乾乾淨淨，重新恢復原狀。

結論　如果做了真正的壞事，內心一定會充滿罪惡感，因此請在容許的不道德範圍內喘口氣就好。

反正姑且一試就對了

研究

以 1,846 名捐血者的捐血體驗為研究主題。

結果

- **初次捐血的人**：捐血前感到十分焦慮或緊張。
- **第 2 次、第 3 次的人**：緊張感降低一些了。
- **捐血 16 次以上的人**：幾乎沒有任何感覺。

威斯康辛大學（美國）珍・皮利亞文（Jane Piliavin）的研究

換句話說，這是什麼意思呢？

即使初次捐血會感到恐懼焦慮，

逐漸習慣以後就一點也不害怕了。

解說

對於從未經歷過的事物，任何人都會感到焦慮，完全不焦慮才奇怪。

初次接觸自己沒做過的工作時，無論是誰都會感到緊張吧。或是遇到部門調動時，被指派去做完全未知的工作，心裡必然會有不安的忐忑感。還有初次學習使用 PowerPoint 製作投影片的人，也不可能馬上就做出超級完美的投影片。

這種時候不妨心想：「我就姑且一試吧。」反正第 1 次一定不可能一下子就上手，所以不要一開始就追求完美。

　　抱著「姑且做一次看看」、「總之先試試看」的輕鬆心態，比較不會感到焦慮。

　　同樣的事情經歷過好幾次以後，相信焦慮感也會隨之逐漸消失。等到那個時候再全力以赴也不遲。

　　如果各位碰到什麼令人焦慮的事情，恐怕是因為那是「第1次」的緣故。因為是第1次，一定會緊張，只要心想那是人類正常的反應，就不會那麼地戰戰兢兢了。

　　跟以前比起來，最近轉職的人也有增加的趨勢，就算你轉職到八竿子打不著邊的行業，也不需要擔心，因為只要抱著輕鬆的心態，告訴自己：「先試著做一段試用期。」然後在工作的過程中，就會慢慢愈來愈適應了。

　　我是心理學家，平常有很多機會從形形色色的企業接到五花八門的委託，幾乎每次都會接到截然不同的案件。最近即使接到新的案件，也不再像從前那麼容易感到焦慮，可見我已經習慣各種新案件的挑戰了。

　　在我20幾歲初入職場時，每次接到企業的委託案就會滿心焦慮，心想：「我真的能針對那樣的問題提出解決方案嗎……？」但久而久之也就習慣了，即使不知道有沒有辦法解決，也能夠放鬆心情接受委託。習慣這件事，真的助益良多。

結論　如果接到未知的工作委託，不妨抱著「姑且一試」的輕鬆心態接下，並當作練習的機會。

擁抱各種可能，先失敗看看就對了

研究

以考試成績差的「歐裔加拿大人」與「亞裔加拿大人」作為實驗的比較組。

結果

歐裔加拿大人：每次考試成績差時，就會想跟分數比自己低的人比較，來獲得滿足感。

亞裔加拿大人：每次考試成績差時，反而想跟分數比自己高的人做比較。

英屬哥倫比亞大學（加拿大）
凱瑟琳・懷特（Katherine White）的研究

換句話說，這是什麼意思呢？

亞裔的學生在失敗時，
反而會拿自己跟那些更厲害的人比較，以求自我改善。

解說

失敗或挫折多多益善。

為什麼？這是因為，基本上人類只會在失敗時反省，如果不失敗的話，永遠沒有機會強迫自我成長。

當所有事情都稱心如意時，應該不會反省吧？因為沒必要那麼做。當一切順風順水時，其實以身為一個人來說，無異於停滯不前的狀態。

明明事情進展得很順利，卻還想要追求進一步改善，這樣的人幾乎不存在，通常大部分的人都會滿足於現狀。如果是在 Toyota 汽車工作的人，或許會不滿足停在現狀，渴望持續不斷地追求「改善」，但一般人並不會這麼做。

所以說，著手做任何事情時，不妨先嘗過失敗的滋味（笑），做不好也沒關係。

或者應該說，不妨積極地體驗失敗吧。

重點在於失敗會帶來自我改善的機會，所以不如抱著「失敗比較好」的心態，勇於投入其中。

一般人普遍會認為要盡可能地避免失敗才對，但那是大錯特錯的想法。反而應該要多多經歷失敗，並藉此機會思考：「是哪裡做得不好？」「下次該怎麼做才會更順利？」

因為如此一來，才能夠一步又一步地自我成長。

或許有人會認為，失敗會給自己的職涯留下汙點，那樣的人害怕失敗，總是盡可能地避免失敗。但是，為了避免失敗，凡事都只會打安全牌，實在不太可能自我成長。

因為我們是人，所以會失敗也是理所當然的事。害怕失敗而如履薄冰的人，請從明天開始把想法切換成「失敗也沒關係」，這樣才能夠放開心胸，以輕鬆的心情勇於嘗試新事物。

結論 失敗這種事，與其避之唯恐不及，不如積極追求。

心想「壞事也會伴隨好處」就對了

　　調查 2001 年 9 月 11 日美國各地同時爆發多起恐怖攻擊事件前後，紐約 62 個郡所有的離婚統計數據。統計時間從 1991 年到 2005 年為止。

研究

　　2002 年：相較恐怖攻擊事件前的平均數據，離婚率減少了 25%。

　　2003 ～ 2005 年：相較恐怖攻擊事件前的平均數據，離婚率減少了 37.5%。

路易斯安那州立大學（美國）
譚雅・漢賽爾（Tonya Hansel）的研究

換句話說，這是什麼意思呢？

恐怖攻擊事件的發生，使人們更強烈感受到家庭的牽絆或夫妻的羈絆，降低了離婚的意願。

解說

　　2001 年 9 月 11 日，美國各地同時爆發多起恐怖攻擊事件。遭到挾持的民航客機分別衝撞世貿中心、五角大廈（國防部），是前所未聞的重大事件。可想而知，美國全國上下都陷入了恐慌。

　　這是非常令人痛心的事件，恐懼蔓延整個社會並不是令人樂見的事。不過，說到「完全沒有正面影響嗎？」答案也並非如此。

天下太平的時候，人往往不會意識到所謂的牽絆。

每個人總認為朋友、家人、情人的陪伴是理所當然的，也不會感謝對方，自然而然就覺得「對方永遠都會在」。

然而，一旦現實生活中爆發恐攻或戰爭，自己認識的人突然從生活中消失不見了，人們才會意識到這是多麼傷心的事，進而重新檢視自己與旁人的關係。

同樣的事情也可以套用在天災上。

天災絕對是令人痛心的事故，但人與人之間的牽絆，也會因此更加強韌。

像東京這樣的大城市，人們基本上都很冷漠，很多時候互不干涉，對人視若無睹。然而，一旦因下大雪等原因造成都市機能麻痺，不知道為什麼大家就會與附近鄰居搭起話來，開始剷除道路上的積雪。

「哎呀，真傷腦筋啊。」有時大家會一邊嘀咕一邊剷雪，但觀察他們臉上的表情，都不是傷腦筋的樣子，反而是笑臉盈盈的。想必是因為跟鄰居的交流暫時復活了，所以感到很高興吧。

即使發生了悲慘的事件，也千萬不能灰心喪氣。請試著把目光焦點轉向正面之處，把這視為強化人與人之間情感牽絆的機會。

相信這麼一來，也會產生重新振作起來的力量。

> **結論** 人有非常堅毅不摧的一面，無論發生再悲慘的事，都有化悲憤為喜悅的力量。

充分了解害羞內向的優點就對了

研究 1

以個性害羞內向的人為研究對象。

結果 1

結果發現害羞內向的人具有更高的共感能力，對於他人也比較能夠展現出溫柔體貼的心思。

赫爾辛基大學（芬蘭）馬賈‧卡利奧普斯卡（Mirja Kalliopuska）的研究

研究 2

以性格擅長社交的人為研究對象。

結果 2

擅長社交的人的確能給人良好的第一印象。害羞內向的人由於不太會表現自我，所以給人的第一印象往往不怎麼樣。然而，經過一、兩個月以後，這樣的認知卻會完全逆轉。

英屬哥倫比亞大學（加拿大）德洛伊‧保勒斯（Delroy Paulhus）的研究

換句話說，這是什麼意思呢？

如果要長期來往，害羞內向的人顯然更有利。

解說

是不是有很多人對於自己屬於內向怕生的類型感到很困擾呢？雖然努力試過變得外向一點，但只要與人相處的時間拉長，必然會感到

筋疲力盡。據說在日本人當中，害羞內向者的比例相當高。

然而，其實只要仔細尋找一下，就會發現害羞內向的人有很多優點，比方說溫柔體貼。

共感能力高的人能夠讀出別人的心思，因此不會說出不合時宜或失禮的話。此外，他們也常能及時發現別人有困擾，並伸手助人一臂之力。

因此，也可以說害羞內向的人比較容易得人歡心，在人際關係上不太會發生嚴重的衝突或失敗，是很不錯的優點。

隨著往來的時間愈來愈久，害羞內向的人愈能讓人感受到其性格魅力，相對於此，擅長社交的人則時常落人口實，得到一些「好像只會耍嘴上功夫而已」這類不好的評價。

說到這裡，各位還是想要改掉害羞內向的個性嗎？

個性害羞內向絕對不是什麼不好的事。我認為勉強要自己變得更外向，反而才會讓問題變嚴重。保持自己最原本的樣貌即可。

雖說參加一些改善個性的講座或接受自我表現的訓練，或許確實可以改變害羞內向的人格特質，但這樣反而會引起自己變得不易相處的問題，因此實在不太建議這麼做。

根據前述馬賈‧卡利奧普斯卡的說法，害羞內向的人自戀分數較低，由此可知，他們是比較謙虛內斂的人，這種謙虛態度想必也是給他人留下好印象的主因之一，大家不妨把這件事記在心上。

結論 如果因為害羞內向而感到十分苦惱，就把害羞內向的優點一一列出來吧。

不要一直想著「放輕鬆」就對了

實驗

找來 113 名大學生在一群人面前唱卡啦 OK。在人群前唱歌，任誰都會緊張。此時，研究人員針對受試者設定 3 個條件。

第 1 組

對受試者說明，如果緊張的話，請與自我對話，告訴自己：「愈來愈興奮了耶。」

第 2 組

請受試者與自我對話說：「冷靜一點。」「放輕鬆。」就像多數人常做的那樣。

第 3 組

沒有任何指示，不經過自我對話，突然就開始唱卡啦 OK。

結果

使用卡啦 OK 機的計分功能查詢歌曲表現的正確程度，各組的平均水平呈現右圖的結果。

從結果一看就知道，最高分的是對自己說「愈來愈興奮了耶」的那組。

哈佛商學院（美國）
艾莉森‧布魯克斯（Alison Brooks）的實驗

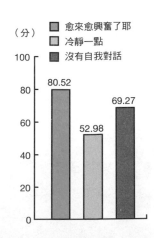

（分）
- 愈來愈興奮了耶
- 冷靜一點
- 沒有自我對話

80.52
69.27
52.98

換句話說，這是什麼意思呢？

愈是告訴自己「要冷靜」，反而表現得愈差。

解說

　　當我們必須在老闆或董事面前陳述意見，或者在一群人面前發表演說時，勢必會感到很緊張又焦慮。

　　這種時候，大部分的人會採取的行動大同小異。也就是反覆對自己說：「冷靜一點。」「放輕鬆。」

　　不過諷刺的是，當我們愈是著急心想「必須放輕鬆才行」，反而愈容易感到緊張或焦慮，結果只是讓表現變得更差而已，這就叫諷刺性反彈。

　　那究竟該怎麼做，才能夠舒緩緊張的情緒呢？

　　簡單來說，就是不要對自己說：「放輕鬆。」當心臟跳得愈來愈快時，不要一直心想「我好緊張」，而是告訴自己：「我只是興奮得心臟怦怦跳而已」。相信這樣做絕對會讓事情進行得更順利。

　　緊張得心臟撲通撲通跳個不停時，不妨想成是「興奮」而非「緊張」。即使手心流汗，也別當成「緊張」，想像成「興奮」的心情比較好。若是膝蓋顫抖的話，就想成是「興奮得不由自主顫抖」。

> **結論** 緊張的時候，不可以一心想著要放輕鬆。反而要想成現在自己愈來愈興奮就對了。

就像電玩闖關，對自己施加壓力就對了

實驗

找一群大學生，並要求他們「在 14 週以內完成 3 篇論文」。

結果

- **40% 以上的學生**：把截止日期設定在第 14 週（最後 1 週）。

⬇

許多學生無法如期完成論文。

- **2.5% 的學生**：從第 1 週開始著手進行。

麻省理工學院（美國）丹‧艾瑞利（Dan Ariely）的實驗

換句話說，這是什麼意思呢？

人非要到火燒屁股了，才肯採取行動。

解說

我們如果沒有感受到任何壓力，往往會拖拖拉拉，遲遲不採取行動。畢竟採取行動又累又麻煩，如果沒有特別的理由，人是不會有所動作的。

從這層意義上來說，若能妥善運用壓力的話，那就會成為驅動自我的原動力。

訣竅就是，把壓力當成驅動自我的汽油來使用。

其中一種做法是設定截止期限，給自己施加時間上的壓力。如此一來，動力必然會大幅提升。

如果沒有設定截止期限，人絕對不會採取行動，因為這樣太麻煩了。所以，無論採用什麼樣的方針，最好都要用自己的方式設定時間的截止期限，例如：「這個工作一定要在○○時候之前搞定！」

設定截止期限時，必須設定為盡可能地提早完成，因為如果設定得太緊湊，多數情況下都會來不及完成。

而且按照自己的方式設定嚴格的截止期限，也比較容易產生幹勁。如果把截止期限設定得太晚，心理上就會產生「沒關係啦，之後再做就好」的拖延心態，難以產生任何動力。

據說戰前的物理學家暨散文家寺田寅彥，每次有委託寫作的案件上門時，他都會設定一個比編輯規定期限更早的交稿日，然後盡快完成寫作。

完成後他會把原稿收在書桌裡，等編輯來催促再交出去。這段軼事曾出現在外山滋比古的《寫作心法》（文章を書くこころ）書中。

這個做法非常具有參考價值。

首先，請按照自己的方式設定好最能提起幹勁的截止期限，試著妥善運用截止期限來給自己施加壓力。來自他人的壓力只會讓人覺得痛苦，但自己設定的壓力，感覺就像玩過關斬將的遊戲一樣，能讓人產生強烈的執行動力。

> **結論**　人只要設定好截止期限，就會想方設法完成任務。

運用轉念的力量就對了

調查

採訪 17 名曾瀕臨死亡的人，年齡介於 31 歲到 61 歲之間。他們都是因為車禍、癌症、潛水意外、心臟病發作等理由一度徘徊死亡邊緣，最後平安生還的人。研究者詢問他們：「瀕臨死亡的經驗讓你產生了什麼改變嗎？」

結果

他們異口同聲地表示：「我身上
發生了正面積極的變化。」

例1　不太在乎金錢或財產了。

例2　更能產生對他人體貼或奉獻的精神。

亞利桑那州立大學（美國）理查・基尼爾（Richard Kinnier）的研究

換句話說，這是什麼意思呢？

**一想到自己將不久於人世，
金錢這類身外之物就不再重要了。**

解說

遭逢重大意外是非常不幸的事情，但沒有必要垂頭喪氣地認為「我怎麼那麼悲慘」，或「我總是運氣很差」，因為實際的數據也顯示：「人生不會只有倒霉的事情而已。」

正如前述的採訪內容，一旦連命都沒了，再多錢也毫無意義。這些人大概是意識到對自己來說，與他人的緣分遠比那還重要吧。

此外，從訪談中也可知，他們對於日常瑣事也不再那麼擔心或煩惱，面對大部分的事情都能夠輕鬆以對，樂觀想著船到橋頭自然直。

比起重大意外、受傷或生病，日常的煩惱不過就是一些非常無謂的小事，曾經以為自己來日無多的人，根本不會再去煩惱那些生活瑣事。

遭逢意外肯定是很討厭的事情，但只要體驗過面臨死亡的感受，人類的心反而能夠變得更堅強。

很多事情雖然不比重大意外嚴重，但像是進入黑心企業，每個月被迫加班 100 個小時這種事，一旦有過一次經驗，轉換到下個職場時，是不是就會感覺新的職場像天堂一樣呢？

即使薪水與員工福利非常普通，或許還會衷心感激地認為：「跟前一間黑心企業比起來，現在的公司是個多棒的地方啊！」

人生在世，我想難免會遭遇許多不快的經驗，但就算碰到再糟糕的經驗，只要換個心態，想成是「累積了寶貴的經驗」，眼前的風景就會是另一番風采了。

結論　只要體驗過苦不堪言的感受，往後的人生肯定會變得非常輕鬆。

想著「創傷能讓人自我成長」就對了

調查

　　以遭遇創傷經驗的人為研究對象，調查是否所有人的人生都變得很悲慘。

結果

　　研究結果發現，經常觀察到受試者有「創傷後成長」的現象。

　　　　　　　北卡羅萊納大學（美國）理查・泰德斯基（Richard Tedeschi）的調查

換句話說，這是什麼意思呢？

有過創傷經驗的人，比較能夠強烈感受到「往後的人生意義」，光是活著就能感到感恩與幸福。

解說

　　若從小沒有得到父母適當照料，或者遭到團體暗地裡霸凌而痛苦萬分，我們內心就會產生創傷。創傷在日文中又稱「心的外傷」，也就是心理傷害。

　　遭到各種壓力症狀纏身，例如半夜突然驚醒、腦中閃現恐怖的回憶、呼吸困難等等，都是創傷的特徵，如果持續超過 1 個月的話，就稱為「創傷後壓力症候群」（PTSD）。

　　儘管創傷後壓力症候群對本人來說，恐怕是非常苦不堪言的狀態，但也有另一個完全矛盾的用語，叫做「創傷後成長」。

　　一般人如果每天過著平凡的生活，很難平白無故生出感恩的心，

但凡是經歷過創傷的人，光是能夠過上真正平凡的生活，都會感到非常地幸福。僅僅是過著極其普通的生活，就能感受到「自己是多麼地幸福啊」，所以特別令人備感珍惜。

此外，據說有過創傷經歷的人更懂得人際關係的可貴，也比較能對他人展現出親切的態度。見到別人遭遇煩惱困擾，更願意鼓起勇氣主動伸出援手。

還有一點就是，經歷過創傷的人，人生的優先順序也會改變。

前文提到遭逢重大意外的人，不會再汲汲營營於金錢或財產，而經歷過創傷的人也一樣，這些人普遍會認為精神層面的豐盛，遠比物質層面的豐盛更加重要。

說到人就算沒錢也能過得幸福快樂，或許大部分人都會覺得怎麼可能。如果窮得家徒四壁，人生絕對會感到很悲慘吧。

然而實際經歷過創傷的人，內心不會再為了物質上的豐盛而動搖。既不會想乘坐高檔車，也不再那麼渴望擁有昂貴的手錶或首飾了。換句話說，就是培養出了人性的美德，或者說達成理想的自我成長。

如果各位曾在人生的某些情境下感受到創傷，絕對不可以因此一蹶不振，嘗試用這番經歷，重新展開豐盈的新人生吧。

結論　　**經歷創傷後，可以期待未來豐盛的自我成長。**

第 3 章

憂鬱退散！
讓壞心情瞬間消失的方法

擺出囂張的姿勢就對了

實驗

請受試者高高舉起裝著好幾本書的沉重紙箱，並請他們推測紙箱的重量。

第 1 組（約半數人）

舉高紙箱並推測重量後，維持 3 分鐘的權力姿勢（把手臂靠在椅子的扶手上，單腳腳踝放在另一隻大腿上的翹腳姿勢）。這是囂張人士的坐姿。

第 2 組（約半數人）

舉高紙箱並推測重量後，同樣也是 3 分鐘，但採取軟弱無力的姿勢（雙手放在大腿上，肩膀下垂，雙腿併攏而坐）。

時間到之後，再次請兩組人推測同一個紙箱的重量。

結果

實驗結果如下表所示：

	擺出姿勢前 推測的重量	擺出姿勢後 推測的重量
權力姿勢	3.17kg	2.83kg
軟弱姿勢	3.30kg	3.40kg

由此可知，擺出權力姿勢以後，受試者感覺紙箱變輕了。

劍橋大學（英國）李恩熙（Eun Hee Lee）的實驗

換句話說，這是什麼意思呢？

藉由擺出權力姿勢讓全身充滿力量，於是同樣重量的紙箱，感覺也比之前更輕了。

解說

悶悶不樂時，不妨試著注意自己的姿勢。

具體來說，可以試著高舉雙手，做出握拳振臂的勝利姿勢，或是往後靠坐在椅子上，看起來一副很了不起的樣子。

據悉在心理學中，有些姿勢能夠帶出力量，這就叫做「權力姿勢」。只要擺出「有力量的人會做的姿勢」，真的就會感到全身充滿力量。

或許有人會想：「怎麼可能光是那樣做心情就會為之提振。」但就當作被騙也好，請務必親自一試，因為真的會感到意外地舒暢，心情也會變得振奮。

> **結論**　情緒低落時，先改變姿勢，擺出強勢有力的姿勢。

抬頭挺胸就對了

集合 71 名大學生進行以下的實驗。

第 1 組

請他們抬頭挺胸，豎直背肌。

第 2 組

其餘的學生則擺出彎腰駝背的姿勢。

然後詢問他們：「你認為自己將來的工作會順利嗎？」並請他們評分，9 分是絕對會很順利，1 分是完全不可能順利。

結果

抬頭挺胸組：平均 7.53 分

彎腰駝背組：平均 6.90 分

馬德里大學（西班牙）帕布羅‧布里諾（Pablo Briñol）的實驗

換句話說，這是什麼意思呢？

姿勢的不同，會造成自我評估分數上的明顯差距。

解說

我們的心理會因為自己擺出什麼樣的姿勢，受到大幅影響，所以一個人的姿勢非常重要。成也姿勢，敗也姿勢。

如果老是彎腰駝背、手插口袋又拖著腳走路，人當然不可能有活力，內心肯定也會變得愈來愈憂鬱，這全都要怪自己擺出那樣的姿勢。

反過來說，即使碰到一些不順心的事，只要抬頭挺胸，甚至小跳躍地走路，心情肯定也會變得比較雀躍。我們的心很容易就會被自己的姿勢矇騙過去。

光是抬頭挺胸、豎直背肌，就能強化「我的未來一片光明」、「我沒問題的！」等正向意念。

內心悶悶不樂時，常聽到有人會建議：「請你轉換心情。」閱讀自我啟發書籍時，書上往往也都是寫這些說來容易的內容。

然而，心情哪是那麼容易就能轉換的呢（笑），至少我自己是做不到啦。我想各位讀者恐怕也覺得心情沒辦法輕易轉換吧，畢竟又不是機器人，哪有辦法說換就換。

不過如果是改變姿勢的話，立刻就可以做到吧。

因為只要抬頭挺胸、豎直背肌就好了。

不管是在家休息、上班，或是等紅綠燈，只要一想到，就稍微伸展一下背肌即可。就算只是這樣簡單執行，也能幫助我們對自己產生自信，更有信心去想像光明的未來。沒有什麼方法比這更簡單方便的了。

結論 **不用刻意轉換心情也沒關係，轉換一下姿勢就好了。**

聆聽歌詞積極正向的曲子就對了

請受試者聆聽以下 2 種歌曲。

① 歌詞中有「互相幫助」等利他涵義的歌曲
② 歌詞沒有太多意義的歌曲

分別讓受試者聽完歌曲以後，試著向他們提出請求：「是否願意捐 2 歐元給非營利團體？」

結果

捐款的人數與比例如下：

利他涵義的歌詞：45 人有 24 人捐出 ➡ 53%
沒有意義的歌詞：45 人有 14 人捐出 ➡ 31%

由此實驗可知，聽了利他涵義的歌詞以後，願意助人一臂之力的念頭會更強烈。

薩塞克斯大學（英國）
托比亞斯・格雷特米爾（Tobias Greitemeyer）的實驗

換句話說，這是什麼意思呢？

我們的心會隨著
聆聽不同的歌詞和歌曲而改變。

解說

　　我們的心會受到姿勢影響，同時也會受到聆聽不同的音樂影響。感覺沒什麼活力時，不妨聽一聽活潑、快樂、節奏快的歌曲，來振奮一下精神。

　　歌詞也很重要，最好是能讓心情變得積極正向的歌詞，因為我們的心也會受到歌詞的內容影響。

　　因此，當內心處於憂鬱狀態時，不妨聽一些歌詞能夠趕走鬱悶情緒的歌曲。

　　事實上，在心理治療中有一塊領域叫「音樂治療」。我不是那個領域的專家，因此無法具體提出建議說：「這首歌曲很好。」但大家只要能夠理解到「原來音樂是很重要的」就夠了。

　　對於音樂，每個人都有各自的偏好，我沒辦法說哪種類型特別好，或是強力推薦哪首歌曲，但我想，只要是自己聽了能感到心情變得開朗雀躍的歌曲，任何歌曲都無所謂。只是，歌詞也一定要是正向陽光的才行喔，如果一直聽到「好想去死」或「每天都煩得要死」之類的歌詞，反而會使心情變得更加低落。

　　在網路上搜尋「提振精神的歌曲」、「積極正向的歌曲」、「輕快開心的歌曲」等關鍵字，應該就會找到好幾首推薦的歌曲。請挑幾首這種愉快正面的歌曲來聽聽，找到會讓你覺得「就是這首！」的歌曲吧。

結論　　**先發掘一些自己喜歡的正向歌曲，就能在緊要關頭派上用場。**

住在鄉下就對了

實驗

在全球 23 個國家調查「哪個城市的人比較親切」。在實驗中弄掉 400 多支筆，觀察是否有人主動幫忙撿起來，或是在腿上裝支架，假扮成行動不便的人，測試會不會有人上前協助。

結果

比較親切的城市有個共通的特徵，就是人口密度愈低的城市，願意上前幫忙的人愈多。

實驗1：（假裝）眼睛看不見的實驗者想要過馬路。

- 人口密度低的里約熱內盧（巴西）或里朗威（非洲的馬拉威）
  ➡ 100% 會有人伸出援手。
- 人口密度高的新加坡或吉隆坡（馬來西亞）等等
  ➡ 只有 50% 的人會伸出援手。

實驗2：（假裝）行動不便的實驗者想要撿起雜誌。

- 聖荷西（哥斯大黎加）　➡　95% 的人會伸出援手。
- 紐約（美國）　➡　只有 28% 的人願意伸出援手。

加州州立大學（美國）羅伯特・萊文（Robert Levine）的實驗

換句話說，這是什麼意思呢？

在人口密度低的鄉下，人們大多比較親切。

解說

都會地區充滿刺激。

街上放眼望去盡是閃爍的霓虹燈或廣告，耳邊不時傳來店家的背景音樂。因為是大城市，當然也有大批的人潮。

雖然有些人會覺得「那種地方比較好玩」，但一旦承受過多的刺激，人就會感到疲乏。

心情沮喪低落，有時可能是因為過多刺激而導致的精神疲勞。我們很常在不知不覺中受到各式各樣的刺激，長期累積之下，心就會變得疲憊不堪。

反觀鄉下地區，幾乎沒有任何的刺激，悠然美景一望無際。或許缺乏刺激沒錯，但能夠療癒人類心靈的，也正是這種大自然環繞的地方。

而且鄉下人有著非常溫暖的一面。鄉下地方有很多熱心的阿姨奶奶、會照顧人的叔叔伯伯，人們擦肩而過時，也總會自然而然地打招呼，或停下腳步閒話家常。這些溫暖的人情互動最近在都會地區已經愈來愈少見到（老街區除外）。甚至可以說，在都會地區，基本上不會發生這樣的事情。

在都會地區生活得很疲憊的人，不妨到鄉下過過悠閒的生活，就算沒有移居過去，偶爾去鄉下讓心靈放鬆一下，未嘗不是個好方法。

結論 **能夠感受到溫暖人情的，果然還是鄉下。**

每週做 5 次善事就對了

實驗

實驗連續 6 週、每週做出 5 次與金錢無關的善舉。

與金錢無關的善舉是什麼呢？不一定要很慎重，簡單的善舉也無所謂。

- 看到有人抱著一堆厚重文件，
  主動幫對方分擔一半
- 捐血
- 參加地區的義工活動

結果

參加這個實驗的人們，幸福感比以前增加了 40%。

加州州立大學（美國）
索妮亞・柳波莫斯基（Sonja Lyubomirsky）的實驗

換句話說，這是什麼意思呢？

對人做出善舉並得到對方口頭致謝，內心會暖和起來，產生幸福的心情，憂鬱的情緒也會煙消雲散。

解說

當我們陷入憂鬱狀態時，滿腦子只會想著自己的事，沒有多餘心力聚焦在別人身上，也就是不管別人怎麼樣都不關我的事。

然而，愈是陷入憂鬱的狀態，反而愈應該要對人做出善舉。

可以的話，每週 5 次。換句話說，希望你能在週一到週五的平日，

每天日行一善的意思。

為什麼已經沒有多餘心力了，還得要關注其他人的事呢？

因為當你對人做出善舉，一定會聽到對方熱情道謝，「謝謝！」「幫了我很大的忙！」聽到那些感謝的話語，我們的心自然會溫暖起來，產生幸福的心情。當然，更不用說，積累在心中的憂鬱也會隨之煙消雲散。

想要趕走憂鬱，只要體驗到正向情緒即可，但究竟該怎麼做才能變得正向？其實很簡單，對人做出善舉就對了。一旦決定「我每天至少要做出 1 次善舉」，就能及早發現遭遇困難、需要幫助的人。

如果實在沒什麼機會對人做出善舉的話，就在便利商店或超市購物時，將找回的 1、2 塊零錢，投入收銀台前的捐款箱吧。

把零錢投入捐款箱時，大部分店員都會說：「謝謝。」雖然是少少的 1 塊錢，但只要有人跟自己道謝，感受到的好心情是相同的，也會覺得自己做了件好事，所以或許亦有助於增加自信。

地方社團在舉辦義工活動時，不妨去參加看看。像撿空罐子之類的活動，通常在參加前會覺得很麻煩，但一旦親身參與之後，其實會覺得還滿有趣的喔。

結論　再小的善舉也無所謂，盡量主動對人伸出援手。只要這麼做，就能產生幸福的心情。

關注親切的好人好事就對了

實驗

請47位定期在身心科治療憂鬱與焦慮症的人，連續寫10天日記，並調查他們的心情變化。

結果

陷入憂鬱狀態的人，並不是每一天時時刻刻都是心情低落的，有時也會精神充沛、感到振奮。

每當見到有人表現出親切的態度，或是看到其他人努力的模樣，心情很容易會跟著高昂起來，打起精神。

西雅圖太平洋大學（美國）塞恩・艾瑞克森（Thane Erickson）的實驗

換句話說，這是什麼意思呢？

光是看到待人親切的人或努力的人，我們的心情就會變好。

解說

大家都知道，就算不是自己展現出親切的態度，但光看到別人親切待人的模樣，心情也會變得比較振奮。

搭電車時，如果有老人家上車，偶爾會看到年輕人讓座說：「請坐這裡吧！」

　　每每看到那樣的場景，我的內心就會莫名有股暖流，感覺非常幸福。不禁想在心中雙手合十敬拜那位善心人士說：「年紀輕輕的，真了不起啊。」

　　雖然能夠主動待人親切應該才是最好的，不過，即使只是目睹別人做好事，也同樣有效。

　　如果看到有人自發性地在撿路邊的垃圾或摘除雜草，建議不妨停下腳步，稍微端詳一下對方的模樣。因為看著看著，你的內心就會跟著暖和起來。

　　我曾在新聞上看過澀谷年輕人在萬聖節後清掃道路的畫面，當時也讓我感到內心暖流不斷。我相信，一定不是只有我一個人覺得「真感謝這些人呀」、「日本還是很有希望的」。

　　最近受到新冠疫情影響，醫療人員不分晝夜地盡心盡力為民眾治療。看到醫生或護理師忙碌的身影，同樣很觸動人心。

　　每當看著那些親切的人，自己應該也會興起「想做一樣的事情」的念頭，因此變得更願意親切待人。如此一來，或許就能像前面所述，進一步趕走憂鬱的情緒。

　　正常情況下，我想很少人在看到別人親切的模樣以後，會心想「我絕對不要那樣做！」。一般來說，在看過別人和藹溫暖的行為以後，下次遇到類似的狀況，應該會期許自己也要如法炮製這份親切的善意。

結論　看到待人親切的人，不妨仔細觀察並效法對方的舉動。

慎選往來的對象就對了

實驗

　　請 3 到 5 人的分組隊伍合力搭帳篷，其中分成隊長表現得樂在其中的隊伍，以及隊長煩躁易怒的隊伍，並觀察隊員有什麼樣的反應。

結果

● **隊長樂在其中的隊伍**

　　隊員受到開心的氣氛感染，每個人的聲音聽起來都很快樂，在彼此並肩合作中完成搭帳篷的任務。

● **隊長煩躁易怒的隊伍**

　　大家都搭得很不甚愉快，隊員間也不太會互相幫忙。

　　　　　　　　　加州州立大學（美國）長堤分校 湯瑪斯・賽伊（Thomas Sy）的實驗

換句話說，這是什麼意思呢？

人深受身邊相處對象的氛圍或個性影響。

解說

　　俗話說：「近朱者赤，近墨者黑。」我們容易受身邊相處對象的氛圍或個性影響，因此跟開朗的人在一起，自己的心情也會變得開朗；跟陰鬱的人在一起，似乎心情也會跟著變得灰暗。

　　如果最近容易悶悶不樂的話，說不定是因為受到周圍人的影響。交際往來的朋友如果處於悲觀、憂鬱的狀態，自己也會在不知不覺間

變成那樣的人。

因此，如果想要變得開朗，就跟開朗的人來往吧。

因為身邊如果有個超級開朗的人，大家的心情也會變得開心雀躍，這在心理學中稱作「情緒感染效應」。如果能跟那樣的人在一起，就能夠時時刻刻保持愉快的心情。

不能只因為對方有錢、長得漂亮或帥氣等理由，才選擇跟對方來往。人際關係的經營還是要重視個性，盡可能跟性格開朗的人來往比較好。尤其是對於自己本身容易沮喪這件事有自知之明的人，我想更應該這麼做才好。

傷腦筋的是，據悉容易罹患憂鬱症的人，也比較會受到情緒感染效應影響。

美利堅大學的瑞秋・韋尼克（Rachel Wernicke）曾做過一個實驗，找 63 位曾經得憂鬱症的人和 64 位這輩子從未有憂鬱症的人，聆聽一段陳述悲觀內容的錄音帶。結果發現有憂鬱症病史的人，比較容易發生情緒感染而變得憂鬱。

所以，互動來往的對象最好盡量選擇開朗的人。

可以的話，請把這點當成擇友的參考標準。

結論 挑選朋友、情人或結婚對象時，最好盡量選擇性格開朗、如太陽一般的人。

大大的自我稱讚就對了

研究

調查不易感到焦慮或憂鬱者的特徵。

結果

不容易感到憂鬱的人具有「自我稱讚
的能力」。即使別人不稱讚自己，他們也
有自我稱讚的習慣。

夏威夷大學（美國）伊萊恩・海比（Elaine Heiby）的研究

換句話說，這是什麼意思呢？

經常自我稱讚的人，比較不容易感到焦慮或憂鬱。

解說

趕走憂鬱最好的方法，就是讓人稱讚自己，享受爽快的感覺。

日本有句話說：「吹捧一下，豬也會爬樹。」人也一樣，只要有
人誇獎自己，自然而然會高興得想飛上天。受人稱讚本身就是一件令
人開心的事。

話雖如此，難道我們想被人稱讚，就一定能被人稱讚嗎？我想事
情並沒有那麼容易。日本人往往羞於讚美別人，因此要找到願意稱讚
我們的人，恐怕更加困難。

那究竟該怎麼做才好？答案就是自己稱讚自己。

「我怎麼這麼厲害！」

「我真是個天才！」

像這樣三不五時地自我稱讚一下，慢慢養成習慣。

或許有人會懷疑：「就算自我稱讚了，應該也不會那麼開心吧？」但神奇的是，即使只是自我稱讚，也有十足的絕佳效果。

各位可能會覺得自我稱讚好像很害羞，但不一定要發出聲音來，就算只是在心中自言自語也可以。

「不錯喔，就這樣繼續保持下去。」

「只要繼續努力下去，絕對會愈來愈順利。」

諸如此類，請試著持續不斷地稱讚自己。

反之，陷入憂鬱狀態的人非但不會自我稱讚，反而還會說一些自我貶抑的話。

「我果然是個很糟糕的人。」

「我真的是廢到無可救藥的人。」

就是因為一天到晚對自己說這種話，心情才會愈來愈沮喪。這樣做只會造成反效果而已，所以絕對不可以自我貶抑。

就算工作進行得不順利，也不妨誇獎自己：

「我這樣冒冒失失的，也很可愛討喜！」

即使別人說了什麼無心的話語，也應該要想成「他八成是在羨慕我，所以才會說出那種話吧」。與其期待別人稱讚自己，不如自己誇獎自己會更快、更有效率。

結論　當我們愈來愈懂得自我稱讚，就不需要別人來誇獎自己了。

拼命埋頭工作就對了

研究

在〈金錢可以買到幸福嗎？〉的論文中，調查收入與心理健康的關聯性。

結果

答案毫無疑問是「有關聯性」，研究發現收入愈高的人，愈不容易感到憂鬱、焦慮或心慌。

斯托克頓大學（美國）馬塞洛・史賓尼拉（Marcello Spinella）的研究

換句話說，這是什麼意思呢？

愈有錢的人，愈能夠保持內心平靜。

解說

雖然這是一本探討「不努力生活法」的書，但我想在工作上，還是盡量認真投入，不要偷懶比較好。

為什麼呢？因為認真工作的話，會有更多機會出人頭地，而且應該也會加薪才對。

人類這種生物，一旦擁有一定程度的財富，內心就比較不容易感到焦慮，所以才會努力工作。

有錢的好處並不是可以用錢買到一切，而是一旦成為有錢人以後，內心就會產生餘裕，能夠活得更自在逍遙。

沒有錢的話，人的生活一定會相對容易感到心慌與不安。

「我這樣真的活得下去嗎？」

「我付得出孩子的學費嗎？」

「我的存款夠我安心退休養老嗎？」

如果一天到晚想著這些事，心情肯定會變得很灰暗。

所以應該要努力工作到不能再努力為止，一心想著賺錢的事情才對。只要有一定程度的存款，人就不會每天感到擔憂或焦慮。

不過，請不要為了賺錢，就去做期貨交易的投資。那是在賭博，那種具風險的模式是無法讓外行人賺到錢的。雖然市面上也有很多書宣稱「我靠○○賺了1億圓！」，但事實真是如此嗎？我總覺得很可疑。

不管在哪種行業工作，相信只要拼命做事，薪水一定會愈來愈高。基本上，沒有什麼工作是你明明很努力，薪水卻愈來愈低的。換句話說，努力是不會背叛人的。

結論　年輕時更應該心無旁騖地埋首於工作中。如果能趁年輕時好好努力存一筆錢，內心也會跟著產生餘裕，不再輕易感到焦慮或心慌。

總之，忽視負面評語就對了

實驗

- 臨床上被診斷為憂鬱症的 28 人
- 測量自尊心的心理測驗中得到高分的 20 人
- 同樣的心理測驗中自尊心分數偏低的 25 人

請這些人接受各式各樣的性格測驗，並
詢問他們：「測驗結果有負面評語與正
面評語，你想知道哪個結果？」

結果

回答「想知道負面評語的結果」的人數比例

- 憂鬱症組別：82%
- 自尊心高的組別：25%
- 自尊心低的組別：64%

貝勒大學（美國）布萊恩・吉斯勒（Brian Giesler）的實驗

換句話說，這是什麼意思呢？

**擁有高度自尊心的人，
大多會忽視關於自己的負面評語。**

解說

　　時有耳聞，有人會因為網路上流傳關於自己的惡評，悲觀地選擇
自殺。受到眾人注目的藝人當中也有這樣的例子，甚至有時會演變成

重大新聞。

基本上，不要去聽任何跟自己有關的評價。一律忽略才是正確的做法。

為什麼？如果動不動就要去在意別人對自己的評價，心情肯定會變得很沮喪，很難不受到影響。

處於憂鬱狀態下的人，特別容易想知道關於自己的負面評語。究竟為什麼會想知道關於自己的負面評語？明明聽完以後一定會變得更加憂鬱啊。

其實，只要當作沒聽見、沒看見就可以了。

總而言之，關於自己的負面訊息，不要刻意去了解絕對是比較好的應對方式。沒必要主動去做這種自掘墳墓的事情吧。

我雖然寫過很多本書，但從不去看亞馬遜的讀者書評。因為我覺得反正上面難免會出現一些批評的內容，所以何必刻意去影響自己的心情呢？

此外，我也身兼大學教授，學生做的課程評鑑我也不太會去看。反正學生一定會毫無顧忌地寫出一堆負面評語，所以沒有必要刻意瀏覽。

有句話說得好：「君子不立危牆之下。」面對臭氣熏天的東西，儘管蓋上蓋子就是了。碰到必然會影響心情的事物，最佳應對方式就是盡可能別去靠近就對了。

結論 遇到有關自己的負面評價或評語，盡量遠離就對了。

耐心等待時間過去就對了

研究

　　針對 32 歲到 56 歲的女性，進行長達
7 年的追蹤調查。這些研究對象都是自尊
心低、被診斷為有憂鬱傾向的女性。

結果

　　7 年後依然有憂鬱傾向的女性：4%

　　憂鬱傾向消失的女性：96%

倫敦大學（英國）柏妮絲・安德魯斯（Bernice Andrews）的研究

換句話說，這是什麼意思呢？

即使是有憂鬱傾向的性格，只要耐心等待時間過去，遲早會有所改變。

解說

　　假設有個人老是煩惱枝微末節的瑣事，動不動就整天唉聲嘆氣。

　　那麼，這個人的性格一輩子都不會改變嗎？如果是那樣的話，他勢必得過著非常痛苦的人生了。

　　不過幸運的是，事實並非如此。

　　因為人類性格這種東西，已經很清楚被證實是會隨著年齡增長而出現變化的。假使各位讀者對於自己的性格感到很苦惱的話，我在這裡告訴各位，你們大可放一百二十個心。

根據柏妮絲・安德魯斯的說法，就算自尊心低、有憂鬱傾向，那也只不過是暫時性的狀態而已。我們的自我評價會隨著人生中遭遇的大大小小的事而不斷改變，不會一直都停在同樣的狀態。這是多麼鼓舞人心的數據啊。

即使腿受傷了或手臂擦傷了，總有一天會痊癒。同樣的道理，我們的心只要靜待一段時間，遲早能夠恢復健康。

一般來說，就算不刻意接受諮商或治療，我們的心也會自然而然地痊癒，所以真的不需要刻意努力去治療心理。順帶一提，心會自然痊癒的現象，又稱「自發性緩解」。

一直想著「快治癒、快治癒」的話，反而不容易治癒。

想要勉強自己治癒心理問題，就像一直把腿上的結痂剝掉一樣，有時候置之不理才是最好的方式。

通常會想東想西自尋煩惱的，大多都是年輕人，不過隨著年紀的增加，那樣庸人自擾的習慣應該也會逐漸改變。在意他人眼光或在意個人評價，也只有在年輕時會如此而已。到了一定年紀以後，自然而然對一切就能看得比較開，別人怎麼想都無所謂了，不會再那麼地神經質。

據說貓咪老了以後會愈來愈目中無人，人類也是一樣的。

結論 到了一定年紀以後，就不會再在意枝微末節的小事了。敬請期待那天的到來。

不用多想，先踏出家門就對了

實驗

以參加「青少年憂鬱研究計畫」的 332 人為對象，調查採取哪種方法最能夠減輕他們憂鬱的程度。

結果

在為期 12 週的計畫中，比較抗憂鬱藥物、認知治療、安慰劑等不同方案的效果，其中效果最好的是「藉由行動趕走憂鬱」的組別。

奧勒岡大學（美國）卡拉・路易斯（Cara Lewis）的實驗

換句話說，這是什麼意思呢？

只要採取一些行動，煩悶焦躁的心情就會煙消雲散。

解說

對於內心脆弱而陷入憂鬱狀態的人，我都會建議對方：「總之先出門散散心怎麼樣？」

「內藤教授，我總覺得全身無力，也無法提起精神與幹勁。」

「請你先出門散散心再說吧。」

「我就說了，我連出門的力氣也沒有。」

「那是因為你沒出門的關係。不是等有力氣了才出門，而是要先出去外面走走，才會產生活力。」

大部分時候，我都是這樣提出建議的。

　　總之先出去外面，就會產生「不然散散步好了」的心情。到了外面隨性走一走，說不定就能在柏油路旁發現充滿生命力的蒲公英，或者有了興致到某間店裡逛一逛的念頭。

　　只要像這樣採取一些行動，內心也會感到神清氣爽。

　　如果完全不活動身體，內心一定會愈來愈鑽牛角尖。只要持續活動身體，不管是什麼樣的行動，人都會產生積極正向的情緒。

　　採取任何行動都好，總之請先跨出去吧。專心投入某件事，心思就會擺在那上面，煩惱也會跟著被拋在腦後。久而久之，煩惱不知不覺就會消失不見了。

　　作家曾野綾子曾在某本書中提到，戰爭期間每每遇到空襲時，一直躲在防空洞裡的話，會害怕得不得了，但只要出來外面加入滅火的行列，很奇妙地就沒那麼害怕了。面對焦慮這種情緒，與其逃避不如正面迎擊。

　　騎單車四處繞繞，做做園藝也不錯，反正任何事情都無所謂。光是簡單走出去做些什麼，就能讓煩悶焦躁的心情一掃而空。

結論

內心脆弱時，先出門找事做就對了。

在家運動就對了

實驗

　　把飽受憂鬱所苦的 80 名女性分成 2 組進行以下的實驗。

第1組　服用普通的抗憂鬱藥。

第2組　不只服用普通的抗憂鬱藥，還追加有氧健身操，每週做 3 次。

結果

　　憂鬱傾向變「弱」或「無」的比例

聖多默大學（菲律賓）
帕布羅・德拉塞爾達（Pablo de la Cerda）的實驗

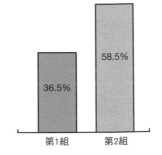

| 58.5% |
| 36.5% |
| 第1組　第2組 |

換句話說，這是什麼意思呢？

雖然不到 2 倍之多，但看得出來有氧健身操對於改善憂鬱，具有相當程度的效果。

解說

　　雖然採取行動就能趕走心中的煩悶焦躁，但如果真的不想出去外面，請在家裡做運動。像是幾年前流行過的比利戰鬥瘦身操（Billy's Bootcamp）這種運動也可以，有氧健身操或跳舞都行，我想任何運動都無所謂。

　　在家裡的話，也不需要在意別人的視線。

不過，如果製造太大的噪音，有可能會打擾到附近鄰居，這點要特別注意。除此之外，若是能好好讓身體充分活動，內心真的會很舒暢。

我想，有運動習慣的人或是以前運動過的人就知道，流汗真的是件很舒服的事情。運動後，心中的煩惱憂愁也會一掃而空。

如果不好好活動身體，我們就會陷入憂鬱的狀態。

動物園中飼養的動物，大部分都鬱鬱寡歡的樣子，那也是因為比起野生的狀態，運動量絕對不足的關係。

避免陷入憂鬱的訣竅，就是把握機會多活動。只要身體動一動，腦袋也就不太會胡思亂想。

雖然最好還是可以出去外面盡情跑一跑，但在新冠疫情的影響下，外出活動多少還是會令人有所顧忌。

這種時候就先在家裡運動也沒關係，總之請動一動身體吧。一邊觀看運動影片，一邊快樂地活動筋骨、跳跳舞，揮別悶悶不樂的情緒。

活動身體還有另一個好處，就是身體活動完以後，特別容易好好睡上一覺。如果身體老是僵硬不動，有時可能會導致夜不成眠，運動不僅能讓身心舒暢，也能換來一夜好眠，好處多多。

> **結論**
> 包含人類在內，所有動物都必須活動才會產生活力。
> 人活著，就是要動。

專心呼吸就對了

實驗

讓受試者接受訓練，學習如何專注在自己的呼吸上。

結果

連續 8 週、每週 2.5 小時，
訓練把意識集中在呼吸上的結果
是……

➡憂鬱傾向減輕了。

➡心情更加正向積極。

馬斯垂克大學（荷蘭）妮可・賈許溫德（Nicole Geschwind）的實驗

換句話說，這是什麼意思呢？

專注在自己的呼吸上，
意識就不容易飄到其他負面事物上，
心情也會更加正向積極。

解說

「不要想東想西的，想一想其他快樂的事情就好啦。」

我相信應該有人會不假思索地說出如此魯莽的建議，如果可以的
話，有憂鬱傾向的人當然也想這麼做，可是即使很努力嘗試想一些正
面的事情了，還是會立刻又浮現各種悲觀、沮喪的念頭。

因此，「盡量思考正面的事情」並不能算是非常好的建議。為什麼？因為做不到啊。做不到的事情，就算再怎麼叫我「去做」，還是一樣無能為力。

那究竟該怎麼辦？答案就是：把意識集中在呼吸上。

「鼻腔裡吸進了很多空氣喔。」

「喔，肺也開始膨脹起來了。」

「好，試著從嘴巴慢慢吐氣吧。然後再來一次。」

請試著用這種感覺把意識集中在自己的呼吸上。與其思考正面的事情，不如這樣做更好。

把意識集中在呼吸上，在禪的世界裡也是這麼做的。

靜坐冥想即為禪的修行，話雖如此，即使要求初學者冥想，往往也只會冒出雜念，心情無法沉澱下來。

因此禪師會指導初學者：「把意識集中在自己的呼吸上。」當意識集中在呼吸上，據說腦中就不會浮現雜念，因此得以平靜地進行冥想。

把意識集中在呼吸上，在禪的世界裡是行之有年的事，與其說這個技巧是最新的方法，不如說是傳統的方法或許更為貼切。

為了無聊小事感到心煩意亂的人，不妨在腦中快要浮現那些混亂思緒時，練習把意識拉回來集中在自己的呼吸上吧。

結論 呼吸雖然只是一吸一吐的單調動作，但只要將意識專注於其上，心情自然而然會沉澱下來。

第 4 章

神之心流！
迅速進入超集中狀態的方法

重複例行性動作就對了

實驗

指導 24 名參加者一套指定的網球例行性動作。

① 首先盯著球看，並深呼吸 2 到 3 次。

② 然後，凝視發球落點區。

③ 接下來看著腳下，將球彈地 8 次。

④ 再次凝視發球落點區，同時想像球的軌跡。

這就是例行性動作的內容。所有人都要學完這套例行性動作以後，才能實際進入發球階段。

結果

經計算發球失誤的次數發現，每個人發球的準確度都提高了。

科隆體育大學（德國）

法蘭基絲卡‧羅騰巴赫（Franziska Lautenbach）的實驗

換句話說，這是什麼意思呢？

學完例行性動作以後再發球，

發球準確度會提升，失誤會減少。

解說

眾所皆知的是，運動選手為了提高專注力，都會採取特定的行為，這又叫做「例行性動作」。著名的例子包括日本職棒選手鈴木一朗的例行性動作，或前日本國家橄欖球隊選手五郎丸步的例行性動作

等等。

例行性動作並不是只有運動選手會做而已。

據說德國作家弗里德里希・席勒（Friedrich Schiller）有個例行性動作，就是先把蘋果收在書桌裡，聞一聞香味以後再投入創作，而歌德或貝多芬則是把散步當成例行性動作。

「我只要做○○事，就能瞬間打開專注力的開關！」像這樣準備好自己的例行性動作，或許是個不錯的方法。因為只要準備好專注力的開關，就不需要每次都設法費力發揮專注力。

如果無法自己設計例行性動作，直接借用別人的例行性動作也可以。因為我們已經知道，即使是制式化的例行性動作也一樣有效。

經常打棒球的小學生，會模仿自己最愛的職棒選手例行性動作，這在心理學上也是正確的做法。即使是別人的例行性動作，只要自己跟著如法炮製，應該同樣能有效提高專注力才是。

基本上，例行性動作想設定任何行為都無所謂，但可以的話還是走健康路線比較好。或許有人會說：「我的例行性動作就是抽根菸。」如果反覆那樣做的話，或許的確可以單靠抽菸就提高專注力，但有害健康。

我想與其那樣，倒不如做點簡單的伸展運動，那樣的例行性動作應該比較好吧。

結論　例行性動作可以自己設計，也可以模仿別人。

聽音樂就對了

實驗

　　找 21 名有 2 年以上高爾夫球經驗的人，做 20 次的高爾夫球推桿。

結果

第 1 組

收到的指令是：「請專注在自己的揮桿上。」

➡ 到球洞的平均距離是 19.44 公分

第 2 組

戴上耳機並且被告知指令：「請專注在音樂上。」

➡ 到球洞的平均距離是 13.74 公分

密西根州立大學（美國）祥恩・貝洛克（Sian Beilock）的實驗

換句話說，這是什麼意思呢？

專注於音樂上時，
推桿的準確度比較高。

解說

　　包括羽生結弦在內，許多花式滑冰選手都會在滑冰比賽前聽音樂。游泳選手也是，比賽前聽音樂的模樣經常出現在電視畫面上。

　　為什麼他們都要聽音樂？因為他們都在藉由聽音樂的方式提高專注力。雖然不曉得他們聽的是什麼樣的音樂，但我想他們選的應該都

是能夠鼓舞自己的歌曲吧。

即使是職業選手，在比賽或競技前，腦中跟平凡人一樣會浮現各種雜念，因此才會藉由聽音樂的方式，讓自己的注意力集中在音樂上面，好清除雜念。

當注意力集中在音樂中，心思就不會飄到其他事情上。這樣一來就不會胡思亂想，自然就不容易感到緊張或焦慮了。身體也可以保持輕鬆自在的狀態，不會僵硬緊繃。

前述實驗做的是推桿，通常大家好像都以為專注在揮桿上，準確度會比較高，其實愈是試圖專注在揮桿上，反而愈容易使身體變僵硬。

個性容易緊張或焦慮的人，不妨先下載喜歡的歌曲，碰到自己會緊張的時刻，就聽一聽那首歌曲吧。

我也屬於容易緊張ㄅㄅ的類型，因此在出席演講或講座前，我習慣在搭電車或搭公車前去的路上，全程聽音樂或放空思緒看著窗外的風景。沉浸在音樂世界的話，就不會再產生莫名的焦慮。

一股勁地告訴自己要「冷靜下來」或「放輕鬆」，並不是一個效果很好的方法。

結論 聽著音樂，有助於清空紛亂的思緒，專注力也會提升。

不要一心二用就對了

實驗

出習題給 160 名高中生，請他們記錄自己花多少時間完成習題。每位高中生在寫習題時，分別請他們做些「一心二用」的事，再依據各別的條件，測量完成習題所花費的平均時間。

結果

結果如下：

條件	花費的時間
一邊看浪漫愛情劇	40.43 分
一邊看音樂錄影帶	35.03 分
一邊聽廣播	36.05 分
不做「一心二用」的事	33.08 分

結果一目了然，如果寫習題時，想要一邊看電視、看音樂錄影帶，或聽廣播，勢必會花費較多的時間。最能夠專注在習題上、最快完成習題的，就是不做「一心二用」的事。

萊登大學（荷蘭最古老的大學）瑪麗娜．普爾（Marina Pool）的實驗

換句話說，這是什麼意思呢？

讀書的時候，
一邊看電視或聽音樂，
專注力會受影響下降。

解說

音樂能夠提高專注力，那如果在讀書或工作時，也播放音樂呢？該不會也能夠持續維持專注力吧？

不不不，可惜沒有那回事。

專注力反而會下降。

雖然前文提到，職業選手會在比賽前藉由聽音樂提升專注力，但重點那是在「比賽前」，而不是在「比賽中」做的事。如果連在比賽中都要聽音樂的話，恐怕很難集中精神。

讀書時或工作時，最好不要一心二用，因為心思會被音樂吸引，導致效率變差。

如果在網路上搜尋「一邊讀書一邊……」，會找到好幾個「我一邊讀書一邊做○○才考上東大」的案例。確實，硬要在廣大世界中尋找，應該也會存在那樣的人吧。

不過，那種人如果沒有一邊讀書一邊做其他事，是不是可以考到更好的成績呢？或者那種人其實是容易感到焦慮的類型，如果不能一邊聽音樂一邊讀書，說不定就會滿腦子想著令人焦慮的事，反而無法靜下心來讀書也不一定。

> 結論　**讀書或工作時，一邊分心做其他事，在心理學上不算是值得推薦的做法。**

在特定時段集中精神就對了

實驗

　　請男性自行車騎士在多個時段接受專注力測驗，調查受試者在哪個時段的專注力比較高。以反應的速度作為專注力的評估指標：注意力集中時，反應會變快。注意力不集中時，反應則會變慢。

結果

　　專注力特別高的時段是：

①上午 10 點半

②下午 4 點半

法蘭琪–康堤大學（法國）
伊莉莎白‧佩提（Elisabeth Petit）的實驗

換句話說，這是什麼意思呢？

**人一天當中能夠專注的時段
有兩大高峰。**

解說

　　我們的專注力並不是從早到晚都維持不變，其實有所謂的「容易專注的時段」。

　　換句話說，就是應該在那個時段努力做事，至於其他時段的話，就適度地偷懶一下吧（笑）。

　　首先，在上午 10 點半左右到中午為止，專心致志地努力吧。抱著「1 天的工作要盡量在這個時段解決掉」的決心埋首奮鬥。

　　如果能在上午把大部分工作解決，下午只要慢條斯理度過即可。

只要對自己說：「下午會輕鬆許多。」相信專注力也會自然而然提升。

另一個下午 4 點半的時段，專注力或許會提高沒錯，但我想對一般人來說已經接近要回家的時間了，因此可以的話，還是建議集中在上午努力把事情做完。當然，下午 4 點半的專注力特別集中，所以在這個時段努力做事，再帶著輕鬆暢快的心情回家，也是不錯的事。

人類的專注力有高低起伏，不可能從早到晚都保持一樣的節奏，做一樣的事，還維持一樣的效率。

如果你是用那樣理想化的步調在安排工作時程，我想最好立刻改掉這種習慣。

舉凡自己不擅長的工作、不想做的工作、盡可能想避免的工作等等，不妨優先安排在上午解決掉。

因為在專注力高的時段，就算是討厭的工作，做起來可能意外地輕鬆。

如果因為是討厭的工作，就拖到下午才做，畢竟專注力降低了，反而需要花更多的時間才能完成。別忘了，那些可是本來就很討厭的工作，如此一來恐怕還得耗費更多時間處於厭煩的情緒中。

結論　重點是從上午 10 點半開始高度集中精神，剩下的事情適度分配在下午 4 點半的專注時段處理。

把心力投注在「真正重要的 2 成工作」就對了

實驗

　　從某製造公司的 56 名員工中，挑選出其中 28 名接受訓練，讓他們學習排定工作優先順序的方法。練習找出真正重要的 2 成工作，並妥善管理時間。

結果

　　經過 2 週的訓練後，先請他們工作一段時間，再由 3 名上司評價他們的表現。

　　比起沒接受過訓練的另一半員工，受過訓練的 28 名員工得到較高的評價。

伯恩茅斯大學（英國）
克里斯多福・奧爾本（Christopher Orpen）的實驗

換句話說，這是什麼意思呢？

只要找出工作上真正重要的部分，
然後全力以赴，上司給予的評價就會變好。

解說

　　經濟學家維爾弗雷多・帕雷托（Vilfredo Pareto）有個超知名的法則叫「帕雷托法則」。各位讀者的反應可能是：「喔，你說那個啊。」相信大家也多少有所耳聞吧。

　　大致上來說，不管是哪個行業的任何工作，真正重要的部分只占全部的 2 成，其餘 8 成的工作可能對營收沒有太多貢獻，或是無論做

不做都對考績沒有太大的影響。似乎也有人把這套法則稱作「二八法則」或「關鍵少數法則」。

各位對於自己被分派到的工作，該不會從 1 到 10 都投入同樣的心力去做吧？

如果是的話，勸你最好立刻改掉。

因為那樣會累死自己。

真正重要的工作只占整體 2 成。所以，首先呢，只要找出自己工作中真正重要的部分在哪裡，然後火力集中在那上面全力以赴就對了。其餘 8 成輕鬆帶過也無所謂。那才稱得上是聰明的工作術。

聽到「努力做其中 2 成就好了」這種話，或許讀者會擔心在其餘 8 成工作上偷懶，上司對你的評價會變差，但事情絕非如此。把全副心力都投注在真正重要的事情上，上司給予的評價反而會變高。也就是說，這樣就能在另外 8 成工作上放心地偷懶了（笑）。

如果各位讀者從事銷售的工作，不妨重新檢視一下顧客名單，看看哪些人是優質客戶。相信只要調查一下就會知道，最重要的 2 成優質客戶幾乎與大部分的營收有關，其餘 8 成則非如此。

因此，對於那 2 成的超優質客戶，不妨給予特別優待或將拜訪的頻率加倍，總之就是要提供與眾不同的待遇，若是能做到這種程度，各位的銷售業績應該會成長得更多才是。

但要提醒的是，千萬不可以對所有人都採取同樣的應對方式。

結論　**工作要專注在最重要的 2 成上，其餘 8 成就輕鬆帶過。**

漫步在綠意中就對了

實驗

　　請受試者執行這樣的任務：「聽到一連串數字後，大聲地倒著念出來。」例如實驗者說出「5–4–7–2」，就要立刻回答「2–7–4–5」。一連串的數字有長有短，短則 3 個數字，長則 9 個數字。請受試者進行這個環節 35 分鐘，共 144 次，直到筋疲力盡的程度。接下來分成：

A組　在市區散步約 1 小時
B組　在充滿綠意的公園散步約 1 小時

　　散步完以後，請他們回到實驗室，再次重複同樣的環節。

結果

　　從充滿綠意的公園散步回來的組別：成功恢復專注力。

　　從市區散步回來的組別：後半段無法恢復到一開始的專注力。

密西根大學（美國）馬克·伯曼（Marc Berman）的實驗

換句話說，這是什麼意思呢？

失去專注力時，綠色具有恢復功效。

解說

我們的注意力或專注力能在大自然中恢復是已知的事實。

工作時間長了自然會累，有些日子甚至會有「從早到晚都莫名無法集中精神，老是分心」的時候。

那種時候，不妨稍微停下手邊工作，欣賞一下綠意。因為欣賞綠意能夠令人再次恢復專注力，等精神恢復以後再回到崗位。

「但內藤教授，我不可能因為累了就擅自跑出去啊。」

應該也有人這樣想吧？在公司上班的話，確實沒辦法這麼任性，所以這樣說也有道理。

那不如這麼辦吧。

如果無法去充滿綠意的地方散步，請暫時觀看充滿綠意的照片或圖像，這種做法也同樣有效。

義大利帕多瓦大學的麗塔・貝爾托（Rita Berto）在一場實驗中，請受試者在 1 到 9 的數字中「依序按下特定的數字」，直到他們筋疲力盡的程度，然後再讓一半的人觀看 25 張大自然的照片，另一半的人觀看 25 張停車場或工廠的照片，結果大自然組證實了專注力是會恢復的。

即使只是觀看照片中的綠意，也能有效幫助我們恢復專注力。

試試看，將電腦的背景桌布設成大自然的圖片，每當工作疲勞時，就關掉工作中的視窗，短暫地觀看綠意盎然的圖片。雖然只是一點點療癒的效果，但應該比起什麼也不做，更有助於恢復專注力吧。

> **結論** 專注力耗盡時，暫時出門到充滿綠意的地方走一走。如果身處無法離開的職場上，就把電腦的桌布設成大自然的圖片。

穿上白袍就對了

讓受試者穿上白袍，寫一些需要專注力的習題。

結果

比起沒穿白袍的時候，成績真的提升了。

西北大學（美國）亞當‧哈喬（Adam Hajo）的實驗

換句話說，這是什麼意思呢？

我們身上穿著什麼樣的服裝，
心理也會隨之產生改變。

解說

　　每次看到穿著白袍的人時，是不是會不由自主覺得「這個人頭腦好像很聰明」呢？因為像醫生或做實驗的科學家這樣身穿白袍的人，幾乎都是頭腦很聰明的人。

　　我們也會受到自己穿著的服裝影響。也就是說，如果身穿白袍的話，會強化「我的頭腦好像也變聰明了」的意識，那頭腦是不是真的會變聰明呢？

　　正常來說，大家都會認為「哪有那麼好的事」，對吧？

　　然而實際上，光是穿著白袍就能提高專注力，是已經獲得證明的事實。

　　穿著正式體面的服裝時，會感覺自己變得很了不起。穿著警察制服這類服裝時，會有種被賦予力量的權威感。如果穿著鬆鬆皺皺的

T恤，莫名就會覺得自己好像是個很不起眼的人。

這種心理變化又稱為「衣著認知」。如果想要提高專注力或注意力的話，最合適的服裝就是白袍。

我以前受邀擔任電視節目嘉賓時，不知道為什麼工作人員準備了白袍給我。心理學家不太會穿著白袍做實驗，但怎麼說也是一介科學家，所以才會給人那樣的印象吧。

當然，畢竟人家都辛苦地準備好了，我自然是義不容辭地穿著白袍上陣，但很神奇的是，當我穿著白袍時，不知道為什麼，我覺得自己的腦袋也變得非常聰明了。也就是說，我親身獲得了寶貴的經驗，實際體驗到衣著認知的效果。

雖然在職場上不可能想穿白袍就穿白袍上班，但如果是遠距工作的情況，那麼準備一件白袍也不是什麼壞事。想要專心的時候，只要穿上白袍就可以了。

沒錯，我想在上班族中，也有很多人一旦穿上西裝，就會「感覺整個人上緊發條」，那也是衣著認知效果。每到週末換上休閒的服裝，總覺得全身不對勁，也是衣著認知效果。

既然如此，即使是遠距工作，不妨也穿上正式的西裝，或許會比穿著休閒的家居服工作，更能好好地集中精神吧。

結論　遠距工作時，試著穿上白袍或西裝。如果有助於提振精神、上緊發條就繼續穿著。

把自己當作天才就對了

在實驗中先暗示演奏家，把自己當成是俄國作曲家謝爾蓋‧拉赫曼尼諾夫（Sergei Rachmaninoff），或維也納的天才小提琴家佛里茲‧克萊斯勒（Fritz Kreisler），然後再請他們演奏。

結果

經專家為演奏家的表現評分後發現，愈是深信「自己是拉赫曼尼諾夫」或「自己是克萊斯勒」的人，演奏得愈精湛。

除此之外……

把自己當成是著名的美國西洋棋棋手保
羅‧莫菲（Paul Morphy）
➡ 西洋棋的能力提高了。

把自己當成是法國數學家亨利‧龐加萊（Henri Poincaré）或俄國數學家安德雷‧科摩哥洛夫（Andrey Kolmogorov）
➡ 數學考試的成績提高了。

莫斯科大學（俄羅斯）弗拉基米爾‧拉伊科夫（Vladimir Raikov）的實驗

換句話說，這是什麼意思呢？

「徹底化身為某人」或
「徹底化身成某個理想中的人」
是激發潛力的絕佳方法。

解說

　　如果想要提高專注力的話，就假裝「我是牛頓！」「我是愛因斯坦！」或「我是平賀源內！」。總之，徹底想像自己化身為頭腦聰明的人，是很好的方法喔。

　　「這什麼奇怪的方法啊？」聽起來或許有點像在開玩笑，但這可是我衷心的建議。只要「假裝」成頭腦聰明的人，頭腦真的就會變聰明。

　　據說美國第 26 任總統老羅斯福（Theodore Roosevelt）每次遇到難題時，都會看著房間牆上的林肯肖像畫，思考著：「如果是林肯的話，會怎麼解決這個問題呢？」老羅斯福以自己尊敬的林肯為師，透過扮演林肯的角色，藉此克服政治上種種難局。

　　運動選手也好，芭蕾選手也罷，在成為頂尖選手之前，大多會從模仿自己憧憬的對象開始。心裡想著「我是○○○」，模仿自己理想中的人物，這個方法非常有效，因此請各位讀者也務必一試。

　　話雖如此，如果覺得假裝自己是遙不可及的大人物，實在太「厚顏無恥」的話，也可以假裝自己是近在咫尺的前輩或上司。工作時把自己當成工作能力很強的上司，或許就能夠提高效率。

　　在以前的小學校園裡，經常設置二宮尊德的銅像。說到二宮尊德，他是個非常刻苦勤學的人，當小朋友們看著他的銅像時，應該也會自然而然地心想：「我也要成為二宮尊德」。

結論　找到一個自己能夠效法的對象，
　　　試著徹底化身為那個人。

嚼口香糖就對了

實驗

　　讓受試者一邊嚼口香糖一邊工作，並調查他們的工作表現。

結果

　　一邊嚼口香糖一邊工作的話，專注力不易下降，工作的表現則有所提升。嚼口香糖時，測量唾液中的皮質醇，結果發現這項壓力指標會降低，也就是心情會逐漸鎮靜下來。

斯威本理工大學（澳洲）安德魯．斯庫利（Andrew Scholey）的實驗

換句話說，這是什麼意思呢？

嚼口香糖有助於提高專注力，甚至能夠減輕壓力。

解說

　　大聯盟球員有時會嚼著口香糖站上打擊區。

　　如果從畫面上看來，或許有人會覺得那模樣「不怎麼體面」，但打者會嚼口香糖，其實有很明確的理由，並不是抱著輕蔑的態度在嚼口香糖。

　　事實上，嚼口香糖能夠讓我們的專注力變得更集中。打者的工作當然是專注在迎面投來的球上，然後把球打出去，所以一邊嚼口香糖一邊盯著球，能讓打擊的成績變得比較好。

　　話雖如此，工作中發出「嘖嘖嘖」嚼口香糖的聲音，會使旁人感到不悅，因此重點是要偷偷地、靜靜地、慢慢地嚼。

　　嚼口香糖能幫助我們專心在工作上，而且最近的口香糖幾乎都含有木糖醇，因此也有照顧口腔，甚至是預防蛀牙等好處。

　　唯一的問題是，嚼口香糖會被人認為態度輕浮，只要稍加注意這一點，嚼口香糖應該可說是好處多多。

　　日文當中有「咬牙努力」或「咬緊牙關忍耐」等說法，咬東西的動作或許能為我們帶來類似韌性或忍耐心之類的東西。

　　只要嚼口香糖，自然而然就會「咬牙」，容易失去耐性的人，不妨嘗試多多嚼口香糖，減少想在工作中半途而廢的念頭。

結論　**無法專注於眼前的工作時，就偷偷嚼口香糖。**

暫時盯著紅色看就對了

實驗

在實驗中準備紅色房間與藍色房間，讓受試者假裝自己是航空公司的票務人員，負責處理旅客的訂票作業，並調查在哪個顏色房間的工作效率比較高。

結果

紅色房間的作業效率比較高。

然而，當旅客訂票作業從 2 組增加到 5 組時，在紅色房間的工作人員表現卻變差了。

克瑞頓大學（美國）
南希・史東（Nancy Stone）的實驗

換句話說，這是什麼意思呢？

對人類來說，紅色是很有激發力量效果的顏色，但是，當作業變困難時，表現水準就會降低。

解說

鬥牛一見到紅布就會興奮地衝上前去，而對人類來說，紅色也是令人興奮的顏色。

不過，紅色要發揮良好的效果有一定的條件，就是只能在工作內容特別單純的時候。如果身在紅色房間裡，或許會使情緒過度高漲，導致無法進行太困難的任務。

處理不太需要動腦的標準化作業時，紅色有助於提高效率。

處理這類簡單任務時，不妨先找出紅色原子筆、紅色文件夾，或任何紅色的東西都可以，暫時盯著看一陣子，然後再開始著手處理正事，或許能夠更快速地完成作業。

順帶一提，在心理學中紅色也以「力量色彩」而為人所知。我們在看著紅色時，會激發出「好，動手吧！」「我絕對不會輸的！」之類的幹勁，因此又稱作力量色彩。

職業高爾夫球手老虎伍茲（Tiger Woods）在決戰關鍵的時刻，往往喜歡穿紅色的褲子。同樣身為職業高爾夫球手的石川遼也不例外。號稱「燃燒的鬥魂」的職業摔角手安東尼奧·豬木在比賽時，曾穿著大紅色的褲子，脖子上圍著大紅色的毛巾。他這麼做的目的，說不定就是想藉由眼睛所看到的紅色，來激發自己的鬥志。

總統選舉時也是，當候選人齊聚一堂展開辯論，很多人會繫上紅色的領帶。想必這也是藉由紅色來激發自己的力量，好讓對手感到畏縮的策略。

只要事先在包包中放入紅色的隨身小物，就能在任何需要的時候隨意取出觀看。身邊至少隨時備好一個紅色小物代替護身符，是不錯的主意。

人不可能永遠保持在最佳狀態，總是會有一些日子注意力特別渙散，此時不妨喘口氣，暫時盯著紅色看看吧。

結論　想要一口氣讓自己的心振奮起來時，就充分運用紅色的力量。

跟著兔子跑就對了

實驗

委託某家製造業的公司，用人事部的紀錄調查每位員工的生產力。調查的對象是：

案例 1　與工作能力比自己好的人一起作業
案例 2　與工作能力比自己差的人一起作業

結果

- **案例 1**　加倍努力，生產力提高 10%。
- **案例 2**　鬆懈下來，導致生產力下降。

倫敦大學（英國）歐莉亞娜‧班迪拉（Oriana Bandiera）的實驗

換句話說，這是什麼意思呢？

與工作能力優於自己的人一起作業，
在對方的帶動下，會創造出超越實力的成果。

解說

我們都知道，在跑短跑或長跑時，如果前方有個人跑的比自己快，就會在那個人的帶動下，拉高自己的速度。

跑在前方的人，又叫「兔子」（配速員），據說很多田徑選手都會從練習時就開始設置兔子來進行訓練，試著藉由這種方式，來激發出自己的潛力。

這種兔子策略不僅對運動員有效，對上班族來說也是很有效的技巧。也就是在工作時，刻意待在工作能力比自己好的人旁邊進行作業。

如此一來，明明沒有特別請能力好的人指導自己，作業速度也會跟著加快，就好像潛移默化地受到對方帶動一樣。

我們只要與能力好的人一起工作，無形中就會產生「想要追上對方」的念頭，這跟田徑選手想要追上兔子的心理如出一轍。正是那樣的心態提高了生產力。

然而，如果跟能力比自己差的人一起工作又如何呢？

扛下許多工作的自己就會顯得很愚蠢，甚至會產生偷懶的心態，消極認為既然只能拿到同樣的薪水，不如做得跟能力差的人差不多就好了。

當自己成為兔子時，雖然不是龜兔賽跑的寓言，但為了等待烏龜（能力差的人），自己也會鬆懈下來。

如果與能力差的人共事，工作的表現就會愈來愈差。

不過，如果與工作能力遠比自己優秀的兔子在一起，又會造成失去幹勁的反效果。但是，若是遇到在某種程度上能力稍勝於自己的兔子，你只要努力拉一下速度或許就追得上，這種情況下，各位的生產力肯定會有所提升。

> **結論** 工作中如果有個兔子角色的同事，無形中會帶動自己的生產力提升。

反正先站起來就對了

提出問題給 5 人小組團體討論。

| A 組 | 站著討論。 |
| B 組 | 坐在椅子上討論。 |

結果

測量得出結論的時間

A 組：平均 589.04 秒

B 組：平均 788.04 秒

密蘇里大學（美國）艾倫・布魯多恩（Allen Bluedorn）的實驗

換句話說，這是什麼意思呢？

人只要站起來，大腦就會活化。

解說

沒有幹勁、無法立即採取行動的人，有個最佳處方箋，那就是不管三七二十一，總之先站起來就對了。

就是這麼簡單。

總之先站起來再說，這會比坐著的狀態更容易採取下個行動，心裡會覺得，「既然都站起來了，那就開始工作吧。」

物理學中認為，比起位置較低的物體，物體的位置愈高，則位能愈大，如果站起來的話，心理與身體也都會充滿能量。

有些人早上爬不起來，一直躲在被窩裡取暖，問題就在於他們沒有站起來。只要什麼也別想地「嘿咻！」一聲站起來，接下來就會去換衣服或刷牙，自動自發地開始行動了。

也有人離不開暖桌對吧？

但就算是那些人，碰到想要上廁所的時候，一旦百般不願地離開暖桌後，也會開始陸續採取各種行動，例如順便去洗洗碗或是打開洗澡水的加熱器。

總之先站起身來，我們就會採取行動。

「站立」這個姿勢，具有活化身體的作用，同樣地，也會活化我們的大腦。如果一直坐在椅子上，大腦的運作似乎也會變遲鈍。

因此，愈是缺乏幹勁時，愈應該要「先站起來」。那樣比較能夠產生幹勁，作業效率也能跟著提升。

如果想要縮短會議時間，不妨站著做決定，雖然會有點累就是了。

美國在波斯灣戰爭時，採用了「站立會議」，也就是站著開會的策略。站著討論，然後迅速做出決策。據說這也是美軍取勝的真正原因〔參考淺井隆的著作《贏家經濟學》（勝ち組の經濟学）〕。

如果要買新辦公桌，不妨考慮可以站著工作的桌子，名稱就叫「站立工作桌」，用那種桌子工作也能提升工作效率喔。

結論　提不起幹勁時，只要馬上站起來，就能讓身心都充滿能量。

第 5 章

轉念練習！
不被憤怒與悲傷左右的方法

別擺著苦瓜臉就對了

實驗

　　將 2 個高爾夫球的球托黏在 30 名大學生的「額頭」上，並要求他們：「試著讓 2 個球托的尖端碰在一起。」這是個很奇怪的請求，但做這個動作時，眉頭會皺起，自然而然形成悲傷的表情。其實這個操作，正是為了讓學生做出悲傷的表情。

　　當他們做出這個表情以後，實驗者會接著要求：「我想透過實驗來調查人能不能同時做 2 件事，所以麻煩幫我判斷接下來要出示的照片。」然後拿出從《時代雜誌》中挑選出來的照片，照片上是飢餓的兒童或受傷的人等令人感到悲傷的照片。

結果

做出悲傷表情的學生

➡ 看到悲慘的照片後，會感到強烈的悲傷。

沒做出悲傷表情的學生

➡ 即使看到悲慘的照片，也不會感到強烈的難受之情。

密西根大學（美國）蘭迪・拉森（Randy Larsen）的實驗

換句話說，這是什麼意思呢？

如果做出悲傷的表情，
就會放大悲傷的程度。

解說

　　我們的大腦會受到「自己臉上的表情」所影響。如果臉上是悲傷的表情，大腦就會接收到「原來我很悲傷啊」的指令，然後做出讓心情變悲傷的反應，這就叫做「臉部回饋效應」。

　　一旦做出悲傷的表情，真的就會逐漸產生悲傷的情緒。如果做出不高興的表情，則會開始產生不高興的情緒。因為人會從臉部表情回饋產生相對應的心情，所以稱作臉部回饋效應。

　　也有一種說法是：「不是因為難過所以哭泣，而是因為哭泣所以難過。」有時候並不是情緒引發行為，而是行為引發情緒。

　　那究竟該怎麼做，才不會感到悲傷呢？

　　答案很簡單，只要不做出悲傷的表情就可以了。只要擺出極其普通的表情，假裝「什麼事也沒有」，我們的大腦就會信以為真，以為「原來什麼事也沒有啊」，自然就不會做出讓我們感到悲傷的反應。

　　保持若無其事的表情，就可以大幅減輕感到悲傷的程度。

　　雖然悲傷的時候，往往會在無意間流露出悲傷的表情，但當各位意識到這件事情時，請回想一下本書的知識，並刻意提醒自己：「哎呀，不可以一直擺著一張苦瓜臉喔！」

結論　如果不想感到悲傷的話，只要做出若無其事的表情，假裝「根本一點也不悲傷嘛」即可。

刻意假笑就對了

實驗

在實驗中，請受試者做出與情感不相符的表情。

① 看到名為〈背叛〉的畫作時 ➡ 擺出笑臉。
② 看到名為〈春天〉、〈跳舞〉的畫作時 ➡ 擺出皺眉的表情。

結果

儘管與情感不相符，詢問受試者：
「現在心情如何？」然後確認其反應：

擺出笑臉時 ➡ 感覺很開心。

擺出皺眉的表情時 ➡ 感到憤怒。

而且那樣的心情狀態會持續一段時間。

克拉克大學（美國）賽蒙・施納爾（Simone Schnall）的實驗

換句話說，這是什麼意思呢？

就算是假笑，也能產生快樂的心情。

解說

前面提過，我們的表情可以改變情緒，但如果是「假笑」呢？露出假笑的話，也能夠產生愉快的心情嗎？還是說虛假的笑容就沒辦法獲得那樣的效果呢？

　　實際上已經證實，即使是假笑也沒有任何問題。是騙人的也沒關係，只要笑一笑就能變開心。就算跟自己的情緒不相符，一旦擺出愉快的表情，馬上就能夠產生愉快的心情喔。

　　排隊的時候，要是有人在自己前面插隊，一般來說都會不太高興吧。這種時候呢，沒錯，請立刻笑一個吧。因為這樣做的話，不自覺就會寬宏大量地心想：「算了，原諒他吧。」

　　所以，心情難過的時候，也做同樣的事情吧。比方說，努力完成的企劃書被客戶大力批評，而感到難過挫折的沮喪時刻。

　　這種情況下，即使與情緒不相符，也要試著擠出笑容來。如此一來，悲傷的情緒應該會被隨之抹去，逐漸轉為快樂的心情才對。

　　試著擠出最燦爛的笑容吧。

　　假笑的方法很簡單，做出數字「1」的嘴型即可。只要發出「1」的音，任何人都可以擺出笑臉。

　　或許有人會覺得，虛偽的假笑與真正的笑容應該不一樣吧？但我們的大腦無法判斷那種事情。

　　就算是虛偽的假笑，只要維持那種表情，大腦就會自動判斷「我應該很愉快吧」，然後開始分泌真正快樂時會分泌的多巴胺等快樂激素，心情真的就會變得快樂起來。

結論　　**不愉快或悲傷的低潮時刻，刻意擺出快樂的表情。**

發出開朗的聲音就對了

　　請專業演員發出指定的情緒聲音，並錄製
下來。

PLAY!

　　①幸福的聲音　　②悲傷的聲音
　　③生氣的聲音　　④不高興的聲音

　　把聲音播放給 40 名女大學生聽，然後要求她們：「請模仿這個人，
盡量發出一樣的聲音。」

結果

　　預先用隱藏攝影機錄下女大學生發聲時的表情，並事後分析，結
果發現：

　　準備發出幸福的聲音時 ➡ 幸福的表情
　　準備發出生氣的聲音時 ➡ 憤怒皺眉的表情

阿姆斯特丹大學（荷蘭）史凱勒・霍克（Skyler Hawk）的實驗

換句話說，這是什麼意思呢？

當我們試著發出開朗的聲音時，
表情也會變柔和。
如此一來，大腦就會上當，
釋放出愈來愈多的快樂激素。

解說

　　各位在與人講電話的時候，是不是曾有過這種經驗，在電話這端默默注意到「啊，他心情不好」，或「他是不是遇到了什麼開心的事呢？」

　　我們的情緒會表現在聲音上，因此只要聽到對方的聲音，就能在某種程度上推測出來，對方當下是什麼樣的情緒。

　　與表情的效果一樣，我們的心情也會隨著聲音而改變。換句話說，藉由改變自己的聲音，可以影響我們的心情。有的時候是，因為心情很快樂，所以發出快樂的聲音。相反地，也有的時候是，如果刻意發出快樂的聲音，快樂的心情也會隨後跟上。

　　心情悲傷時，聲音難免會變得悶悶不樂，但你可以試著盡量發出高亢開朗的聲音，這樣一來，心情也會變得比較開朗。怒火攻心的時候，很容易發出尖銳的聲音，這時請想一想快樂的事情，盡可能發出愉悅的聲音，若是能用雀躍的語氣說話，也比較容易忘卻怒氣。

　　發出聲音時，台詞也很重要。當我們用嘴巴說出「悲傷」二字時，容易陷入悲傷的情緒中；說出「快樂」二字時，自然而然會變成快樂的聲音。台詞與聲音往往會保持一致。因此，如果想要發出快樂的聲音，不妨用「噢，好快樂，好快樂，真的好快樂，哇，怎麼這麼快樂啊……」的感覺，多多使用「快樂」這個字講出你的台詞吧。

結論　**持續發出快樂的聲音，真的就會產生快樂的心情。**

一臉若無其事就對了

實驗

在下列條件下，調查血壓的變化。

① 先給受試者看 3 分鐘大自然風景，再測量血壓，作為平時的血壓基準值。

② 接著給受試者看 16 分鐘的戰爭紀錄片，內容會使人感到憤怒、悲傷或不快。

③ 請受試者與搭檔討論內容，此時依然裝著血壓計。

這時，要求 A 組人：「在討論的時候，希望各位盡量保持沉著，假裝自己是冷靜的人。」對 B 組人則未提出這樣的要求。

結果

| A 組 | 血壓幾乎沒有變化。 |

| B 組 | 血壓提高了。 |

史丹佛大學（美國）艾蜜莉・巴特勒（Emily Butler）的實驗

換句話說，這是什麼意思呢？

即使看了讓人心神不寧的影片，
只要「假裝冷靜」，血壓就不會上升。

解說

歷史上有位名叫約瑟夫・富歇（Joseph Fouché）的政治人物，從法國大革命時期開始，先後經歷拿破崙時期與王朝復辟時期，始終以

高明手腕遊走其間。無論在任何情況下，富歇一定都維持著若無其事的表情。畢竟那是個動亂的時代，相信人人必定都是一臉悲壯的表情，唯獨富歇永遠一派冷靜自持的模樣。

據說他總是用毫無抑揚頓挫的語氣淡淡說話，絕對不會情緒失控地大吼大叫，不管是在皇帝的起居室或在吵吵鬧鬧的國民議會上，他永遠都踩著安靜的步伐出現〔參考斯蒂芬‧茨威格（Stefan Zweig）的《一個政治家的肖像：約瑟夫‧富歇傳》（*Joseph Fouché: Bildnis eines politischen Menschen*）〕。

傳聞富歇是在長達 10 年的修道院生活中訓練出這套做法，我們不妨也效法一下這樣的姿態，也就是隨時保持冷靜自持的樣子。即使周圍的人再怎麼慌張，也能夠獨自保持沉著，而不受到影響。

就算發生令人驚慌的事情，也不能光顧著想：「怎麼辦？怎麼辦？」無論碰到什麼樣的狀況，只要表現得若無其事即可。像富歇一樣，保持鎮定情緒是重點。

擺出若無其事的表情時，不管看哪裡都好，請讓視線集中在某一點上。只要一直盯著同一個點看，腦袋就會變得空空的，就像毫無情緒起伏時的中立表情一樣，這種技巧又稱「一點凝視法」。

發生大地震時，不妨先擺出若無其事的表情，冷靜地觀察周圍。或許就能在群眾紛紛擠向門口時，注意到還有其他的緊急逃生口。愈是緊急的時刻，愈應該要保持冷靜，不要驚慌失措。

結論　只要努力表現出冷靜的樣子，就能真的保持冷靜，而不會驚慌失措。

盡情跳舞就對了

實驗

　　找來一群飽受憂鬱所苦的參加者，觀察哪些技巧有助於心情變好。參加者所測試的改善心情技巧包含以下：

① 隨著節奏輕快的歌曲盡情跳舞。

② 聽同一首歌曲而不跳舞。

③ 踩運動用的腳踏車。

結果

　　以這三個條件實驗後發現，每組受試者的心情都變好了。其中效果特別明顯的，就是「隨著節奏輕快的歌曲盡情跳舞」的第 1 組。

海德堡大學（德國）

莎賓娜・科赫（Sabine Koch）的實驗

換句話說，這是什麼意思呢？

不管是聽音樂，

還是騎腳踏車，

心情都會變好，

但如果想要獲得更大的效果，

盡情跳舞就對了。

解說

　　陷入負面情緒時，應該要盡量表現得開朗一點。雖然在心情不好時，或許會覺得活動身體這件事本身就很麻煩，但此時最好忍耐一下，請試著盡情地跳舞吧。

　　跳什麼舞都無所謂，也不需要向誰學習，請隨意地按照自己的風格踏出愉快的舞步就可以了。

　　幼稚園年紀的小男孩，有時會扭著屁股跳舞，逗得大人樂呵呵的對吧？我說的就是那種舞。總之只要是愉快的舞步，我想任何舞都無所謂。

　　跳完之後，是不是覺得，「咦，好神奇，原本糟糕的心情都不見了耶！」

　　可見，跳舞具有讓人變開朗的效果。

　　莎賓娜・科赫做實驗研究跳舞的效果，是為了探討治療憂鬱症患者的技巧，但我想就算不是憂鬱症也一樣適用。因為憤怒或悲傷同樣是負面情緒，所以可以期待跟憂鬱症一樣，能利用跳舞換取負面情緒一掃而空的效果。

　　如果對跳舞更有自信，去夜店也是不錯的選擇，但要是覺得實在沒辦法在別人面前大方跳舞，在自己家裡放鬆地舞動就好，不會感到害臊，更能放開心輕鬆地扭腰擺臀。跳著跳著心情會愈來愈好，而且不再煩惱無謂的瑣事喔。

結論　陷入負面情緒時，一邊播放音樂，一邊扭腰擺臀轉圈圈，盡情地放開來舞動身體。

所有事情都自己來就對了

實驗

調查居住在老人之家的 52 名長者。在那個機構中，基本上員工會幫長者完成所有事，然而這樣的貼心服務卻好像適得其反，所有入住者都失去了活力，因此實驗者決定，只要是自己做得到的事，全部都由長者自己動手做。

實在無能為力的事情會由員工幫忙，但能夠梳妝打扮的人，就自己梳妝打扮，身體能夠活動的人，甚至被交代去替機構內的花園澆水。

結果

入住者很明顯地愈來愈開朗。請機構員工給予評價後，發現大家都有正向的轉變，例如「比之前更願意與人交流，開始會跟其他入住者聊天」、「變得很有活力」或「笑容變多了」等等。

除此之外……

實驗前的年均死亡率：25%

實驗後的年均死亡率：15%

耶魯大學（美國）茱蒂絲‧羅丹（Judith Rodin）的實驗

換句話說，這是什麼意思呢？

「自己動手做」是增加活力的好方法。

解說

　　把自己該做的事交給別人去做是件輕鬆的事。如果能推卸掉所有麻煩的工作，心裡應該會覺得「太好了」，大大鬆一口氣吧。

　　然而，如果連自己做得到的事都交給別人去做，我們就會逐漸失去活力。

　　育兒、煮飯或洗衣服之類的家事也是，如果本來全是由太太負責，不妨從現在開始自己動手做做看，相信你會感覺到自己愈來愈有活力。凡是有能力做到的事，最好自己親力親為。

　　如果老是要別人幫忙，似乎就會被認為是個沒出息的人，那種感覺會強化負面的情緒。

　　韋恩州立大學（美國）的瑪西・格雷松（Marci Gleason）曾找了472 對夫妻連續 31 天寫日記，並回收日記加以分析。

　　結果發現，讓伴侶幫忙做家事的日子，負面情緒（憤怒、悲傷、焦慮、憂鬱）比較明顯。尤其是全部事情都由伴侶一肩扛起，自己卻什麼也沒為對方做的日子，負面情緒會更為嚴重。

　　什麼事情都交給別人做，不是一件太好的事。

　　孩子也一樣，如果父母過度保護，一舉一動都呵護得無微不至，孩子就會愈來愈無精打采。

結論 「做得到的事就自己動手做。」只要好好遵守這個原則生活，就不會動不動陷入負面情緒中。

任何事都別抱期待就對了

實驗

在實驗中讓受試者做小小的競賽，然後給勝利者的獎品如下：

A 組

「從幾種很棒的獎品中，自行挑選喜歡的獎品。」用這種說法給予期待。

B 組

不給予像 A 組的期待。

競賽結束後，再告知受試者：「由於獎品的數量有點不夠，因此改由實驗者任意挑選分配，無法自行挑選。」

結果

- **A 組**：說法改變，會引起受試者的憤怒情緒。
- **B 組**：即使做法換了，受試者也不會有憤怒情緒。

北卡羅萊納大學（美國）史蒂芬・沃切爾（Stephen Worchel）的實驗

換句話說，這是什麼意思呢？

如果原先沒有期待，

就不會感到憤怒。

任何事情只要有所期待，肯定沒好事。

解說

　　很多事情最好不要有所期待，因為一旦有所期待，當事情並未如願發生時，憤怒或悲傷的情緒就會變本加厲。例如交代工作給部下時，最好不要有太高的期待，只要想著他可能無法如期完成，也可能沒辦法找齊你要的文件，然後停止期待就對了。

　　如果期待太高，部下無法達成預期目標時，你就會非常生氣。有可能會氣沖沖大罵：「為什麼你連這點簡單的事情都做不到！」甚至連血壓也跟著飆高。

　　反過來想想，如果從一開始就不抱任何期待，自然也不會生氣。說不定還有辦法安慰他：「總之辛苦你了，下次別再捅這種婁子了。」

　　只要不期不待，就不會出現與現實的差距。說起來，憤怒或悲傷的情緒，大多來自於期待與現實的差距，因此只要從一開始就不抱期待，後面也不會出現憤恨不滿的失望情緒。

　　如果結婚前一直幻想著理想中的完美婚姻並滿心期待的話，進入現實的婚姻生活後，發現實際並不是每天都能過著幸福快樂的日子，內心應該會感到非常幻滅吧。這樣的人受不了婚姻的折磨，遲早會走上離婚之路。

　　然而，如果對結婚從未抱持太大的期待，那麼即使過著普通的生活，也只是「意料中的事」，當然就不會有幻滅的失望了。所以說，生活和工作最好都不要有太高的期待。

結論　人生在世不要有太多的期待，就能夠遠離憤怒或悲傷，而且超越期望的好事發生時，也會加倍幸福快樂。

多準備幾種選擇就對了

實驗

詢問受試者：「當你與一群朋友決定旅遊地點時，有人反對你的提案，請問你在那個當下會感到生氣嗎？」不過，這裡有個小小的附帶條件。

條件 1 你還有其他交情很好的朋友圈，
你也可以跟那一群朋友去旅行。

條件 2 你沒有其他好朋友，別無選擇。

結果

條件 1 37.5% 的人會感到生氣。

條件 2 83.3% 的人會感到生氣。

阿姆斯特丹大學（荷蘭）馬克・希爾丁（Marc Heerdink）的實驗

換句話說，這是什麼意思呢？

有其他選擇的人，
不容易陷入精神上的困境。
沒有選擇的人，
由於無法逃離，
因此容易陷入困境。

解說

如果擁有其他選擇，我們就不會輕易生氣，因為即使其中一個選擇行不通，只要轉移到其他選擇的陣地就好。

擁有多個朋友圈的人，就算其中一個朋友做了令人不愉快的事，他應該也不會非常生氣，因為大不了以後找其他朋友玩就好了。

就算在不愉快的職場工作，如果家裡是開店做生意的背景，這樣的人隨時都有後路可以選擇回家繼承家業，反而更能忍耐待下去吧。

只要準備好隨時都能逃跑的選擇，無論發生什麼事，都能夠處變不驚。

有句俗語說：「聰明的兔子會準備三個窩（狡兔三窟）。」如果只有一個可以藏身的窩，一旦發生事情就無處可逃，若能事先準備好三個窩，就算沒辦法逃往其中一個窩，也還有其他的窩可以藏身。

如果朋友或情人會使用暴力、酒品不好，或是動不動就想借錢，最好先結交其他朋友或尋找備胎情人。不要勉強自己跟討厭的人來往。如果真的要勉強來往的話，也請慎重考慮多準備幾個選擇，作為自己的後路。我想這才是聰明的做法。

我們也好好學習一下兔子的做法吧。

結
論
只要事先準備多種選擇就能構成安全網，精神上的不安或憤怒也會減少。

靜候 2 分鐘就對了

實驗

　　先設法讓實驗的參加者產生不愉快的心情，點燃他們的怒火。具體來說，是請他們寫散文，但找來其他人大肆批評：「你的散文不僅沒有文章的架構，也沒有原創性，文字表現模稜兩可，實在沒有說服力。我從沒讀過這麼糟糕的作品。」雖說是為了激怒受試者，但這種方式還是很過分。充分激怒受試者後，把他們分成 2 組。

第 1 組　打拳擊沙包 2 分鐘。
第 2 組　靜靜坐著等待 2 分鐘。

結果

第 1 組　怒氣不僅沒減少，反而還增加了。
第 2 組　怒氣慢慢緩和下來。

愛荷華州立大學（美國）布拉德・布希曼（Brad Bushman）的實驗

換句話說，這是什麼意思呢？

氣憤難耐時，
就算打拳擊沙包也無濟於事。
靜靜等待 2 分鐘就對了。
如此一來，心情也會逐漸平靜下來。

解說

　　心理學中有個著名的理論叫宣洩理論（Catharsis Theory），也就是氣急敗壞的時候，只要搥牆壁或踹椅子，心裡就會很痛快，怒氣得以宣洩釋放。原文 Catharsis 的意思就是「心的淨化」。

　　然而，布拉德・布希曼對於宣洩理論抱持懷疑的態度。「心裡真的會感到痛快嗎？」他反而認為，「甚至有可能變得更焦躁不安吧？」於是就如前文所述，他透過實驗來檢驗這個理論是不是真的。

　　宣洩理論完全是個似是而非的理論。

　　就算想要宣洩怒氣，也請不要做出搥牆壁這種事，因為那只會痛到自己的手，反而讓人更加生氣。

　　最好也別想著要把沒用的盤子摔破到地板上，因為那只會讓你事後收拾得很辛苦而已。

　　把怒火宣洩在其他地方，在某些情況下確實能淨化內心，例如焦躁不安時，可以做做運動或去卡啦 OK 盡情嘶吼，這些都具有淨化的作用。

　　然而，我們不能直接毆打激怒自己的人（這會構成犯罪），因此是不是能用牆壁或木頭來代替對方挨打，藉此獲得宣洩呢？

　　答案是否定的。

　　如果經過 2 分鐘以後，仍然感到心煩意亂的話，那是因為我們在腦中不斷反芻（反覆回想）憤怒場面的緣故。

結論　　**大部分情況下，怒氣會在 2 分鐘內平息。**

聽悲傷的音樂就對了

實驗

　　請369名大學生花12分鐘的時間，寫下「這輩子最傷心的往事」。這麼做的目的，是為了勾起悲傷的情緒。接下來，從法國作曲家艾瑞克・薩提（Erik Satie）的作品集中，挑選 2 首悲傷的音樂與 2 首輕快的音樂，播放給他們聽。

悲傷的音樂

〈Gnossienne No.3〉

〈Gnossienne No.5〉

輕快的音樂

〈Le Picadilly〉

〈Je te veux〉

結果

　　比起輕快的音樂，聆聽悲傷的音樂時，對悲傷心情的療癒效果更大。

京都大學研究所文學研究科（發表論文當時）松本淳子的實驗

換句話說，這是什麼意思呢？

悲傷難過的時候，

比起輕快的音樂，

悲傷的音樂更有療癒的效果。

解說

　　由此可知，在心情悲傷的時候，聆聽悲傷的音樂反而能讓內心獲得療癒。

　　我想大部分的人可能會直覺地認為，因為心情很悲傷，不是應該聽一些可以振奮精神的快歌比較好嗎？但其實也可以嘗試看看截然不同的做法。

　　悲傷時不一定要勉強自己打起精神來。我想既然要聽音樂的話，與其聽一些吵吵鬧鬧的歌曲，不如聽聽安靜舒適的音樂，也比較能夠療癒心靈。

　　由於沒有經過調查，因此我沒有確切的證據，但我總覺得心情悲傷時，與其看誇張荒誕的喜劇電影，試圖逼自己笑出來，不如看安靜的電影，內心比較容易平靜下來。

　　由於本書的其他篇章有提到，「就算是假笑也沒關係，只要刻意笑出來，真的就會產生快樂的心情。」聽起來或許與這裡的建議自相矛盾，但請記得這件事：心情悲傷時，即使聆聽悲傷的歌曲也能獲得療癒。我想各位不妨親自一試，再選用自己偏好的方法即可。

　　相信也有人在性格上不喜歡刻意表現得很開朗，或者不擅長假笑，所以這類型的人不妨考慮看看，用盡情聆聽悲傷音樂的方式來療癒內心。

 結論　勉強擠出笑容可以療癒內心，
　　　　聆聽悲傷歌曲也可以療癒內心。

找人傾訴就對了

請 418 名挪威男女與 401 名巴西男女，針對控制憤怒、焦慮或悲傷的 14 種策略，判斷其有效性。

結果

高居第 1 名的策略是「找人傾訴」，約 70% 的人判斷有效。

挪威科技大學（挪威）

阿恩・維坎（Arne Vikan）的實驗

換句話說，這是什麼意思呢？

如果有煩惱的事，
光是找人傾訴，就能讓心情穩定下來。

解說

有朋友、家人或情人的人，比較能夠保持精神上的強韌。「人不能獨自生存」的說法，想必真有其事。

有人可以依賴，實在很令人安心，對吧。

順帶一提，關於「向神祈禱」的策略，在阿恩・維坎的研究中，不是個太有效的策略。即使向神祈禱，可能還是很難安撫情緒。當然，如果是宗教信仰十分強烈的人，或許向神祈禱就能有效幫助他們心情穩定下來。

最重要的，應該還是交個朋友。

不管是進入新學校就讀，或是進入新職場上班，只要能夠交到任

何一個朋友，遇到困難時，就不會只有退學或辭職這條路可走，因為任何事都能向朋友傾訴，讓情緒有個出口。

小學校長會在開學典禮上向一年級新生說：「請先在班上結交許多好朋友。」這種做法即使從心理學的角度來看，也可以說是非常合理的建議。

有些公司還會採用「學長學弟制」或「學姊學妹制」，讓進公司兩年或三年的前輩，負責在各方面照顧剛進公司的新人。

據說採用這種做法會讓離職的人大幅減少。透過公司內部規定來提供可以依賴的對象，也可以說是個不錯的方法吧。

因為我們是人，總會有生氣或沮喪的時候，這種情況下不妨敞開心胸向他人傾訴。即使是沒有那麼親近的人，也請積極地與對方分享心事。

或許有人會覺得：「不是很想向沒那麼親近的人商量我的私事……」但那是錯誤的思維，因為向沒那麼親近的人商量，才有機會與那個人變得親近。

由自己主動向對方尋求商量的話，大部分收到請求的人都會很開心，因為這表示「自己是受他人信任的」。所以，就算是沒那麼親近的人，也可以敞開心胸向對方傾訴心事。

結論 遇到困難時，真正會助我們一臂之力的不是神，而是其他人。

當個自戀者就對了

研究

有項研究是「到達一定程度的自戀者，在心理上十分健康」。

結果

該研究論文中提到，自戀者有以下特徵：

① **日常生活中，不易感到悲傷或憂鬱。**

② **日常生活中，不易感到孤單寂寞。**

③ **日常生活中，不易感到焦慮。**

④ **平時不太會表現得神經質。**

⑤ **每天都覺得很幸福。**

南安普敦大學（英國）
康斯坦丁‧塞迪基德斯（Constantine Sedikides）的研究

換句話說，這是什麼意思呢？

只要成為自戀者，就不會沮喪、悲傷，
或為了小事心浮氣躁。

解說

「自戀者」一詞很少使用在正面的形容上。

因為任性又自我中心的人，會被所有人討厭，所以大部分人為了不受人厭惡，八成都會努力成為完全相反的人吧。

可是請稍等一下。

說真的，其實愈是自戀的人，愈能保持心理上的健康喔。這聽起

來或許令人驚訝，但卻是真的。

若從前述的研究結果來看，難道不是每項特徵都相當不錯嗎？或許我們甚至可以高呼：「當個自戀者吧！」

因為自戀者雖然任性，但追根究底來說，都有「喜歡自己」或「重視自己」的傾向對吧？

正因為重視自己，所以不會忍耐討厭的事。如果老想著：「這樣會不會被別人討厭？」不僅無法說出內心想說的話，還得永遠壓抑那股鬱悶的心情。

當然，如何拿捏得當是很重要的，但特別習慣自我壓抑的日本人，是不是可以稍微變得自戀一點也沒關係呢？

如果足夠重視自己，就能夠鼓起勇氣心想：「討厭我就討厭我吧！」也可以對那些常說「因為我們是朋友，所以你就幫我做吧」的無賴朋友、總是強迫你而且無視你的個人意願的傢伙，勇敢一刀兩斷，坦白跟對方說：「既然如此，我不跟你當朋友了。」

總而言之，請盡可能成為自戀者吧。能夠成為優秀的自戀者，是很了不起的事呢。

結論　自戀者會堅定地說出自己想說的話。由於具備那種直率的特質，因此能夠保持心理上的健康。

停止癡人說夢就對了

針對住在紐約羅徹斯特的成年人，進行有關金錢、外貌、社會名聲等 32 種夢想的問卷調查，詢問他們擁有多大的夢想（美國夢），同時也詢問他們最近一週的心情或身體狀況。

結果

夢想愈大的人，失去活力或感覺身體不適（偏頭痛或倦怠等等）的比例愈高。

羅徹斯特大學（美國）提姆・凱瑟（Tim Kasser）的調查

換句話說，這是什麼意思呢？

愈是擁有美國夢的人，
心理與身體愈容易生病。

解說

「年輕人要胸懷大志！」

「男人就要勇於做夢！」

閱讀自我啟發書籍會發現，內容經常會有這樣的建議。是啊，這的確是很了不起的心態，但很抱歉，本書必須傳遞給各位完全相反的訊息。

當我們擁有的夢想愈大，就愈必須做些什麼來實現夢想，因而時

常處於焦慮敏感的狀態中。這在精神上是非常痛苦的事情。

「我要成為所有同事中，最功成名就的那個！」

「我要讓自己的店成為世界第一的店！」

如果夢想十分遠大，想要達到第 1 名的程度，疲勞程度也會相對提升。

還有所謂的「美國夢」一詞，實際上正如前文所述，有份令人意外的資料顯示：「愈是擁有美國夢的人，愈容易陷入不幸」。

當然，並不是說我們不能擁有目標或夢想。

但必須是只要稍微努力一點，現實上就有可能達成的目標或夢想才行，因為那才是可以實現的目標。實現目標是件值得高興的事，而且那樣才能算是好的目標。

然而，所謂的美國夢，卻是過於龐大的夢想。

我的意思是：「那樣太癡人說夢了」。

體重 100 公斤的人說：「我想減到 85 公斤左右。」感覺好像有可能實現，但如果他設定的目標是：「我想一口氣減掉 55 公斤，變成 45 公斤。」又會如何呢？

那樣的挑戰八成不會順利達成，最後不僅會非常難過，恐怕還會沮喪地認為：「我真是個沒用的人。」

各位要知道的是，若懷抱著不可能達成的夢想，只會讓人生更加痛苦，一點益處也沒有。

結論　**既然要擁有目標或夢想，就必須合乎現實才行。**

第 6 章

有做就有效！
從身體整頓內心的方法

時常面露笑容就對了

實驗

　　請一批大學生參與實驗，用最大心率約 50% ～ 60% 的力量踩健身車。

　A組　笑著踩健身車。

　B組　皺著眉頭踩健身車。

　　踩完健身車以後，請他們回答以下問題：「請問你覺得心情有多好？」以及「請問你的疲勞程度有多高？」

結果

　　得到的結果如下：

	心情好的程度 （計分範圍為－5分到＋5分）	疲勞程度 （計分範圍為0分到20分）
笑著開心踩	2.91	11.53
皺著眉頭踩	2.12	12.06

阿姆斯特丹大學（荷蘭）菲利普・菲利彭（Philipp Philippen）的實驗

換句話說，這是什麼意思呢？

即使是進行相同的作業，笑著進行比較會有好心情，
而且疲勞程度也會比較小。

解說

「總覺得最近很容易累。」

「睡醒以後還是覺得懶洋洋的。」

如果這樣的感覺經常出現，那就是心理疲勞的證據。

心理疲勞的原因所在多有，不過，任何時候都請試著維持臉上的笑容。

無論做什麼事，笑著做比較不會疲倦。做家事、拔除院子裡的雜草、必須與討厭的人見面時，當然還有工作的時候，保持笑臉盈盈比較不容易感到疲倦。容易累積疲勞的人請這樣想：只要隨時笑著做事就對了。因為實際上，笑著做事絕對比較不容易累。

若能隨時讓自己臉上保持笑容，還有另一個「附贈」的好處：其實，我們的容貌會隨著臉上擺出的表情而逐漸改變，如果動不動就露出不悅的表情，不知不覺間就會變成不悅的容貌；如果時常笑臉迎人，那樣的笑容就會刻印在臉上，即使沒有意識到，也會逐漸變成笑臉盈盈的容貌，就像七福神中的惠比壽一樣。

這在心理學中稱為「道林·格雷效應」。在奧斯卡·王爾德（Oscar Wilde）的小說中，有部作品叫《道林·格雷的畫像》，故事大綱是隨著主角的行為改變，肖像畫的表情也會逐漸改變，而我們的容貌同樣會隨著臉上經常出現的表情而產生變化。

時時刻刻保持笑容，久而久之笑容就會刻印在臉上。

結論 容易累積疲勞的人，若能時時刻刻保持笑容，比較不容易感到疲勞。此外，笑容還會逐漸刻印在臉上，即使沒有意識到，久而久之，也會變成笑臉盈盈的模樣。

深呼吸就對了

研究

針對生氣時消除怒氣的方法進行調查。

結果

實驗證實，深呼吸有助於消除憤怒的情緒。

南密西西比大學 薇琪‧坦納（Vicki Tanner）的研究

換句話說，這是什麼意思呢？

憤怒的情緒可以藉由深呼吸來克制。

解說

現代人生活忙碌，感覺整天都被事情追著跑，每天的生活總是想著：「快一點！快一點！」

雖然不用那麼著急好像也沒關係，但總是從早到晚不停地趕時間。

匆匆忙忙換衣服、匆匆忙忙出門上班、匆匆忙忙工作、匆匆忙忙吃午餐、匆匆忙忙衝進電車、匆匆忙忙準備晚餐，一刻也閒不下來。

由於那已是每天的例行公事，因此很多事情也無法改變，即使如此，還是得保持從容的心境，否則內心恐怕會痛苦哀嚎吧。

因此，這裡要介紹一個簡單的紓壓法。

這是個可以隨時隨地使用的方法。

那個方法就是深呼吸。

如果察覺自己「好像有點急躁不安」的話，請閉上眼睛，慢慢地深呼吸。隨著一次又一次的深呼吸，內心會逐漸平靜下來。一天之中不妨可以多做幾次。

更何況，深呼吸不需要任何特殊工具，任何時候想做都可以直接進行，而且也不會干擾到別人。

無論是通勤途中、上廁所，或者稍作思考時，只要有空的時候，不妨試著慢慢地深呼吸。如此一來，自己應該也會感受到內心逐漸平靜下來。

假如一整天都繃緊神經，不管是誰，肯定都會變得不太對勁。如果感覺到自己的情緒有任何一點起伏，請立刻試著深呼吸看看吧。

只要持續深呼吸 1 分鐘，就能重新取回內心的平靜。

一旦感覺到被事情追著跑，我們的呼吸一定會變得淺而急促。所以，現代的人呼吸大部分都又淺又急促。這樣下去，會變得更容易疲勞。因此，不妨在一天當中空出幾次深呼吸的時間，讓深呼吸成為自己的日常習慣吧。

結論 焦躁不安、敏感尖銳、匆忙慌亂、煩躁易怒時，深呼吸是最好的解方。

去水邊走走就對了

調查

在大自然中進行健走或騎自行車等「綠色運動」時，對人的心情會有什麼影響。

結果

進行綠色運動的結果：

① 心情更振奮。

② 自尊心提高。

除此之外，如果靠近水邊，效果會更好。

艾塞克斯大學（英國）
喬·巴頓（Jo Barton）的調查

換句話說，這是什麼意思呢？

在大自然的綠意中運動，對心理有正面影響。
尤其如果附近有水域，效果加倍。

解說

　　在瀑布附近或公園噴水池旁，具有療癒心靈的效果。這樣說的話，是不是只要到水邊，心理狀態就會變好呢？

　　事實上，還真是這樣沒錯。

　　如果想要轉換心情，推薦在外頭散步。不過，既然都要散步了，不妨盡量找有水的地方，在那附近散步效果會更好。

　　我們是水資源豐富的國家，所以只要稍微尋找一下，很快就能找到一些溪流。在那樣的地方散步，效果想必會很不錯吧。

　　這樣說來，像迪士尼海洋或環球影城等人氣主題樂園裡，也有許多跟水有關的園區對吧。畢竟迪士尼海洋連名字當中都有「海洋」二字了。搞不好那些主題樂園會這麼受歡迎，就是因為有很多水能夠帶來療癒的效果，才如此吸引人。

　　只要身在有很多水的地方，心情應該會莫名地放鬆下來才對。就像其他動物也是如此，或許人類只要待在有水的地方，就會出自本能地感到安心吧。

　　全家一起出門時，不妨到水源豐沛的地方走一走，不僅能幫助心情沉澱下來，或許還能讓家人之間的情感連結更為強韌。

結論

在充滿綠意的水邊運動，內心會獲得療癒。

大幅振臂快步走就對了

實驗

　　讓受試者一邊接受各種心理測驗，一邊在跑步機上走路，調查性格與走路方式之間的關聯性。

結果

　　外向的人、活潑好動的人、積極的人

➡ 大步走路。

　　個性主動的人

➡ 走路速度快。

　　不過，走路速度的部分只適用於男性，女性就算走路速度很快，也不能斷定是個性主動的人。

樸茨茅斯大學（英國）連恩・薩裘（Liam Satchell）的實驗

換句話說，這是什麼意思呢？

走路大幅擺動手臂且步行速度愈快的人，個性愈主動積極，不過這僅限於男性。

解說

　　總是為了小事煩惱憂愁，覺得人生充滿後悔的事的人，因為個性比較被動消極，所以這樣的人不妨試試看「大幅擺動手臂，快速行走」。

或許被動消極的個性多少會有所改善。

軍隊的士兵總是一貫動作俐落地高抬腿踢正步行進，對吧？要是走路拖拖拉拉的，肯定會被長官大聲訓斥。

或許也有士兵會覺得：「什麼嘛，不過就是走個路而已，幹嘛這麼囉唆。」但長官才是對的。

因為維持俐落的走路方式，面對其他的行動就會變得積極，身體也會充滿活力。

所以才會連走路方式都要嚴格指導。

大幅擺動手臂、跨大步前進的模樣，看起來威風凜凜，如果能保持那樣的走路方式，不僅自己本身的形象會改變，也會逐漸強化「我是強而有力的人」或「我是很優秀的人」等自我意識。

對自己沒什麼自信心的人，只要試著改變走路方式，個性肯定也會受到影響而逐漸改變。

想要轉換心情的人可以去散步，不過既然都要散步了，不如就在心中默念「我是強而有力的人」，並想像性格強而有力的人是怎麼走路的，試著去模仿看看，一定會獲得一些有益的效果。

如果不是很清楚到底該怎麼走路，男性請參考男性名模，女性請參考女性名模，從影片中觀察那些專業模特兒在伸展台上的走路方式，相信你就會明白：「喔，原來只要這樣走路就可以了啊。」

結論 只要大幅振臂快步走，個性也會變得愈來愈主動積極。

放聲吶喊就對了

調查

研究聲音大小與個性的關係。

結果

外向的人或有活力的人

➡ 聲音大

內向的人或沒活力的人

➡ 聲音小

史丹佛大學（美國）

克利福德・納斯（Clifford Nass）的調查

換句話說，這是什麼意思呢？

外向的人或有活力的人，聲音比較大。

解說

　　有家高科技企業叫日本電產（2023年改名為尼得科），據說這家公司竟然有所謂的「大聲測驗」與「快食測驗」，因為社長永守重信有一套特殊理論，他相信「工作能力好的人，聲音比較大」，還有「工作能力好的人，吃飯速度快」〔參考染谷和巳的著作《魔鬼上司不做這些事》（鬼のこれだけはするな）〕。

　　雖然可能會有讀者認為這是時代錯置的觀念，但我在得知這段軼事時，莫名就接受了，感嘆「原來如此，確實有道理」。

　　在我個人的經驗中也是如此，工作能力好的人，每個都有聲音大這項特徵。想必是他們對自己的工作很有自信，所以反映在聲音的音

量上吧。聲音小的人恐怕對自己的工作沒有自信，那樣的人也無法承擔工作重任。

　　假如說話的聲音細如蚊蚋，整個人彷彿會跟著失去活力。若是講話含糊不清，不僅是對方聽不清楚，更重要的是，自己的心情也難以振奮。

　　如果想讓身體湧現活力，成為精力旺盛的人，首先該注意的就是「聲音的大小」。

　　只要發出的聲音夠大，身體自然而然會用力。這不是在騙人。許多企業之所以訓練員工大聲打招呼，正是因為那是有效的。如果沒效的話，就不會做什麼發聲訓練了。

　　還有一項研究，只要聽一個人的聲音大小，大概就能知道對方是什麼樣的個性。

　　究竟是因為個性內向才會講話小聲，還是因為講話小聲導致個性內向，雖然我們不曉得其中的因果關係，但兩者既然有很密切關連，那我們就有充分理由推測：要是大聲說話，個性也會逐漸改變。

　　放大聲量的訣竅，就是把嘴巴張得大一點。

　　嘴巴張得太小，是沒辦法放大聲量的。所以，先注意看看自己說話時，有沒有張大嘴巴吧。請把嘴巴張開，大到可以縱向放入 3 根手指的程度，那就是標準大小。2 根手指還不夠大，記得要放 3 根手指喔。

　　如果能夠大聲向他人打招呼說「嗨！」或「謝謝！」，也會給周圍的人留下好印象。

結論　大聲說話可以提升幹勁或活力，給人的印象也會變好。

多多參加一些課程就對了

實驗

募集 60 歲到 75 歲的高齡者（平均
65.5 歲），連續 6 個月每週參加 3 次「健
走」或「拉筋」的課程。

結果

2 種課程的效果都很好，參加者不僅
人生滿意度提高，身體也更健康了。

伊利諾大學 愛德華・麥考利（Edward McAuley）的實驗

換句話說，這是什麼意思呢？

**不管是什麼樣的課程，只要持續參加就會產生幸福的心情，
心理健康度也會提高。**

解說

我想每個地方社群，都會提供各式各樣培養興趣或才藝的課程，
例如號召大家「一起來學陶笛吧」的團體，或是「樂器伴奏社」、「傳
統藝能保存會」、「高齡者健走」等五花八門的課程。

我希望各位讀者都能帶著輕鬆的心態去參加，任何課程都可以，
只要是感覺自己會有興趣的，真的任何課程都好。

無論那是什麼樣的課程，參加本身就是有意義的。

前述實驗中很有趣的地方在於，課程的內容並沒有那麼重要。

愛德華・麥考利經由實驗發現，重要的不是課程的內容，而是參

加課程可以與其他人互動。

這個才是更重要的因素。

假設各位都參加了某些課程，如此一來，由於大部分人都是初學者，因此之前參加課程的人，應該會熱心給予很多指點。原本不認識的人，就會藉由這樣的交流變得愈來愈熟悉。

過程中的互動能夠提高幸福感或滿足感。

去學校上課或許也不錯。有很多學校專收社會人士，在接近傍晚的時段開始授課，因此去那樣的地方上課，應該也能增加「與其他人的互動」。

去學校上課不是為了考取證照，而是為了與其他人互動，所以最好選擇偏向興趣社團的類型，而不是過於實務性質的課程。畢竟，如果是跟一群認真想讀書的人在一起，說不定反而會感到喘不過氣來。

現代的地方社群正逐漸瓦解，人們漸漸不再與鄰居來往，因此現代人更容易感受到孤獨或焦慮等情緒。所以，去參加地區舉辦的各種課程，增加與當地人的互動，可以提高各位的心理健康度。

人不可能獨自生存。在自家附近有認識的人，是件非常令人安心的事喔。

結論 **不管是社群的任何課程或學校都好，積極地參加看看。**

週末也跟平常一樣早起就對了

研究

觀察積極進取、活潑好動、精力旺盛的人有哪些特徵。

結果

積極進取、活潑好動、精力旺盛的人：

晨型人 ＞ 夜型人

除此之外，平日起床時間與週末起床時間沒有差別的人，性格比較積極進取。

萊比錫大學（德國）克里斯多福‧蘭德勒（Christoph Randler）的研究

換句話說，這是什麼意思呢？

**假日最好跟平日一樣早起，
不要一直賴在被窩裡。**

解說

如果把人類分成晨型人與夜型人，基本上晨型人絕對是比較有利的。為什麼？因為根據目前已知，早起的人在各方面都比熬夜的人更加積極，也更有行動力。

有些人每到週末就想睡到中午，如果習慣了那樣做，星期一很容易就會爬不起來。因此就寢時間統一在固定的時間比較好，而週末最好也跟平常一樣早起。

此外，根據克里斯多福‧蘭德勒的說法，一個人是否活潑好動、精力旺盛，與睡眠時數毫不相關，也沒有所謂「一定要睡滿 8 小時才行」這種事。我想有些人就算只睡 5 小時、6 小時也無所謂。

如果各位讀者屬於經常熬夜、早上爬不起來的人，那可就要當心了，你可能會整個人懶洋洋的，很容易感到有氣無力。只要改變就寢的習慣，那樣的情況就能夠有所改善，所以請盡可能養成早睡早起的習慣。

假如實在不喜歡早起，請設法讓自己不得不起床。最近有種帶輪子的鬧鐘，會一邊響一邊跑給人追，直到你按掉鬧鐘為止，也有鬧鐘應用程式可以播放自己喜歡的歌曲等等，有各式各樣的工具可以利用，不妨多多嘗試，直到找到適合自己的方式。

或者，睡覺時不要拉起遮光窗簾或遮雨窗，也是不錯的策略。因為早上太陽升起時，陽光一照，光線會亮得讓人睡不著，我想大部分人被陽光照到後，應該都會自然而然清醒過來。

這種分類跟個性等特質不一樣，因為夜型人是可以立刻改變的。只要開始練習早起成為晨型人，或許剛開始前兩天會有點痛苦，但第三天之後就會慢慢習慣了。

為了樂觀積極地經營人生，養成良好的睡眠習慣是非常重要的事，往後的人生肯定會因此獲得不計其數的好處。

結論 **修正生活習慣，盡量調整成晨型人。**

抬高下巴就對了

實驗

將大學生分成 2 組進行以下的實驗。

第 1 組　用挺直脖子並高抬下巴的姿勢,接受數學測驗。
第 2 組　用彎著脖子垂著頭的姿勢,接受數學測驗。

結果

第 1 組學生的測驗成績提高
了。此外,無論男性或女性,抬起
下巴都會使意志力提高,尤其在男
性身上的效果特別明顯。

科羅拉多大學(美國)
托米-安·羅伯茲(Tomi-Ann Roberts)的實驗

換句話說,這是什麼意思呢?

挺直脖子並抬高下巴,自信就會湧現,遇到困難的問題也能
迎刃而解,並產生強烈的意志力。此外,男性比女性更容易
受到姿勢影響。

解說

在體育的世界裡,教練有時會在比賽中對自家選手大喊:「把下
巴抬高一點!」(Keep your chin up!)為什麼呢?因為低垂著頭的姿
勢,就是喪家之犬的姿勢。

擺出那樣的姿勢,就算勝算再高也贏不了。

　　所以教練才會不厭其煩地下達指令說：「抬高下巴！」

　　有些運動喊的不是下巴，而是「手再舉高一點！」「球拍再舉高一點！」其實也都是一樣的道理。如果低垂著手或低垂著球拍，就沒辦法激發活力和鬥志。

　　如果想要每天過得開心愉快、朝氣勃勃的話，就不可以擺出垂頭喪氣的姿勢。一旦擺出那種姿勢，心情就會愈來愈鬱悶，滿腦子想著灰暗的事情。

　　但若好好抬高下巴，「我一定做得到！」「我會成功的！」等意志也會更堅定。

　　最近愈來愈多人因為一直盯著電腦或手機螢幕看，總是擺出低垂著頭的姿勢。大家也開始發現，平常一直低著頭會造成一些恐怖的症狀，例如頸部周圍疼痛的「簡訊頸」等等。

　　一想到姿勢會對我們的心理造成很大的影響，就知道這絕對不是好事。而且一直低頭縮著下巴，心情當然不可能變得振奮。

　　雖然手機還是可以使用，但請務必適可而止。

結論　**盡量時時刻刻都挺直脖子，保持下巴抬高的姿勢。**

每天工作就對了

研究

詢問 308 位 16 歲到 89 歲的受訪者：「如果想要消除負面情緒，重新恢復活力，最有效的方法是什麼？」

➡ 請受訪者針對各種活動評分，
滿分為 10 分。

結果

第 1 名　運動（7.2 分）

第 2 名　音樂（7.1 分）

第 3 名　聊天（6.8 分）

第 4 名　工作（6.7 分）

附帶一提，「看電視」或「購物」等活動，對於恢復活力沒有太大的效果。

加州州立大學（美國）羅伯特・賽耶（Robert Thayer）

換句話說，這是什麼意思呢？

工作對於恢復活力相當有效。

解說

如果想要調整身心平衡，每天工作就對了。

也許有人會想：「什麼？工作？」沒錯，就是工作。只要每天工

作，即可保持心理健康。

但或許有人會說：「至少週末想要忘掉工作，好好玩一玩。」我也是如此（笑）。不過，週末不用像平日一樣拼命，只要工作一、兩個小時，就比較不會出現身體不適或情緒失控等狀況。

農民基本上幾乎是一年到頭 365 天都在工作。不知道是不是因為這樣，比起六日休息的上班族，他們似乎比較少有憂鬱或情緒失控的狀況。

可可・香奈兒（Coco Chanel）最討厭星期日了。

為什麼？因為星期日不能工作。

香奈兒熱愛工作，因此不能工作的星期日，總讓她覺得心裡不是很舒服〔參考山口路子的著作《可可・香奈兒的生活方式》（ココ・シャネルという生き方）〕。

應該很多人對此深有同感吧。每天做一些工作，不僅從心理學上來說是好事，實際上也是有效果的。

如果因為是週末，就轉為「完全休假」模式並不是件好事。週末最好想成是「部分休假」，多少做一些做得到的工作比較好。那樣就不必受到心情起伏所苦了。

對於堅持「絕對不要在週末工作！」的人，我不會強迫你接受，但不妨記住這一點：工作也是恢復活力的方法之一。我想大部分人都會選擇在週末休息以恢復幹勁，但只要記得在週末工作一樣可以幫助你恢復活力就行了。

結論 **每天工作反而更能維持身心健全。**

參加義工活動就對了

用 3 年訪問超過 2,000 人，調查他們在過去 12 個月內，參加義工活動（教會、學校、醫院、公司等等）的時間，並使用 6 種指標來調查健康度。6 種指標分別為：

① 幸福感
② 滿足感
③ 自尊心
④ 可以掌控人生的信念
⑤ 憂鬱
⑥ 生理疾病

結果

參加義工活動，對這 6 種指標皆有明顯有益的效果。

范德堡大學（美國）佩姬・索伊茲（Peggy Thoits）的研究

換句話說，這是什麼意思呢？

參加義工活動能夠創造幸福感，
令人感到滿足而有自信，
產生「人生可以靠自己的力量去開創」的念頭，
不僅不容易感到沮喪，也比較不會有偏頭痛或感冒。

解說

　　「為別人付出」是很寶貴的經驗。參加義工活動之前，往往令人覺得「做這件事有點麻煩」，但一旦實際付出行動，為了社會、為了他人累積善行，心裡會感到特別神清氣爽。

　　生活周遭淨是一些好事。

　　我們在這個世界上最愛的就是自己，因此願意為自己做任何事，但換作其他人的話，就會立刻變得躊躇不前，或許還會覺得自己好像吃虧了。

　　然而，如果有機會，義工活動是我希望各位務必參與的活動之一，因為那不僅是在幫助別人，反過來也會對自己帶來有益的效果。

　　如果地方社群有徵求環境清潔活動的志工，請務必申請看看。或許有人會認為，犧牲難得的週末假期，從一早就開始撿空罐子、撿一堆丟在河裡的垃圾，是很浪費時間的事，但事情絕非如此。

　　實際付出行動後，你肯定會感覺到內心變得更豐盛。

　　能夠為了別人付出一己之力，是非常了不起的事。把自己的時間或精力分給其他人，絕對不是在浪費時間。請各位務必試著跨出這一步。

結論

義工活動不僅對社會有益，對自己也有好處。

第 7 章

停止內耗！
讓心緩緩沉靜下來的方法

嗅聞香氣就對了

實驗

在實驗中請 73 名大學生解填字遊戲。由於填字遊戲非常困難，而且有嚴格的時間限制，因此所有學生都會感受到壓力。充分施加壓力後，當場給他們嗅聞 3 種氣味，調查壓力的減輕效果如何。3 種氣味分別是：

① 薰衣草
② 迷迭香
③ 水（無味，作為對照組）

結果

喜歡薰衣草氣味的人：約 70%

喜歡迷迭香氣味的人：約 52%

這些香氣讓人舒服地減輕了壓力。另外也測量了從開始解填字遊戲到嗅聞香氣為止的心率，結果薰衣草與迷迭香都具有效降低心率的作用。

西奧勒岡大學（美國）克莉絲汀娜・柏奈特（Kristina Burnett）的實驗

換句話說，這是什麼意思呢？

嗅聞香氣能夠讓我們的心沉靜下來。

解說

　　「芳香療法」是治療心理的療法之一。最近有很多市售的香薰油或精油，不妨找找看自己喜歡的香氣吧。

　　只要滴少少幾滴香薰油在手帕上，疲勞時拿出手帕來嗅聞香氣，就可以舒緩緊張或焦慮的情緒。

　　雖然香氛的種類非常多元豐富，初學者應該會很猶豫不知道該選哪個才好，但我想基本上花香類都不錯。

　　如果要在薰衣草與迷迭香中挑選，薰衣草的紓壓效果似乎稍微好一點點。總之，如果是不了解香氛的人，我想選擇薰衣草肯定不會錯。

　　話雖如此，或許有些人比起薰衣草，更喜歡其他的花香。那也無妨，重點在於自己「是否覺得舒服」，挑選個人喜愛的香氣即可。

　　另外，在使用香薰油時，請盡量淡化香氣，只要聞得到一點點淡淡的香味就夠了，那樣比較能讓心沉靜下來。

　　不管男女，總會有些香水噴太濃的人，氣味太強烈的話，反而會讓人覺得噁心，維持淡淡香氣是重點。

結論　舒服的香氣能夠瞬間趕走疲勞，也能讓人產生「好，再努力一下就好！」的動力。

飼養寵物就對了

實驗

召集一批在都市地區上班、每天工作極度高壓緊張的證券營業員,並隨意分成 2 組。

第 1 組　幫忙照顧小狗。

第 2 組　不需要照顧小狗。

結果

6 個月後測量所有人的血壓。

➡ 有幫忙照顧小狗的證券營業員血壓較低,情緒也比較穩定。

紐約州立大學(美國)凱倫・艾倫(Karen Allen)的實驗

換句話說,這是什麼意思呢?

與狗一起生活能夠減輕壓力,血壓也不會升高。

解說

目前已知跟沒養狗的人比起來,養狗的人比較不容易陷入憂鬱,心理上更能保持穩定與健康。

這就叫做「寵物效應」。

　　動物具有療癒的效果，撫摸動物的身體會讓動物開心，飼主自己也會開心起來。

　　這項實驗還有後續故事，那就是實驗結束後，凱倫‧艾倫打算請參加者歸還小狗，結果沒有任何人願意歸還小狗（笑）。畢竟一起生活了半年，根本就像家人一樣了，不願歸還也是人之常情，這點非常可以理解。

　　養狗的人不易陷入憂鬱，美國密蘇里大學的克麗絲塔‧克萊恩（Krista Cline）更進一步確認，這在女性與單身者身上的效果更大。女性與單身者容易感到孤單，但養了寵物以後就會有所改善。

　　至於要養哪種寵物，我想小狗、小貓、倉鼠或兔子都很可愛，應該都很適合，或是養其他寵物也無所謂。或許有些公寓大樓會有「禁止飼養寵物」的規定，但如果是金魚的話，應該可以通融吧。當然，請先向管理員確認後再飼養喔。

　　金魚雖然沒辦法直接撫摸，但在水中游來游去的模樣，真的既可愛又療癒人心。我家裡也有從夏日祭典的撈金魚攤上帶回來的金魚，現在已經長得相當大了。牠浮上水面來討飼料的樣子十分可愛，總令人感到無比療癒，而且養金魚不需要花費太多心力。

　　如果是跟家人一起住，必須取得家人的允許，若家人一致同意的話，不妨試著養隻寵物吧。雖然照顧起來很辛苦，但相信一定能夠獲得更多足以彌補一切辛勞的喜悅與幸福感。

結論　照顧寵物很辛苦，但能獲得內心的巨大療癒。

帶著護身符就對了

研究

針對 197 名足球、排球、曲棍球等荷蘭
的頂尖選手，調查他們的迷信行為。

結果

重要比賽前一定會採取迷信行為的選手

➡ 80.3%

頂尖選手採取的迷信行為數量

➡ 平均 2.6 個

伊拉斯姆斯大學（荷蘭）麥可拉‧席佩斯（Michaéla Schippers）的研究

換句話說，這是什麼意思呢？

只要本人相信「這個有效」，
就會真的有效。

解說

　　想要擁有堅強的心理，可以隨身攜帶「護身符」。雖然可能有人
會說：「什麼嘛，這太不科學了吧。」但這裡指的不是像雜誌廣告頁
上常見的「○○護身石」那種詭異的護身符。

　　我指的是一般神社在販售的那種護身符。即使是一個幾百日圓左
右的護身符，也能充分地保佑我們。

　　雖然本書是介紹科學研究的書籍，但要說隨身攜帶護身符的迷信

行為毫無效果嗎？答案絕非如此，甚至也有句話說：「信者得救。」

前述的研究中，為什麼會有高達 8 成的選手採取迷信行為？那當然是因為有效的緣故。如果大家都認為「什麼嘛，這種東西才沒有效果」，就不會有高達 8 成的選手採取迷信行為了。

那麼，他們實際上採取了什麼行為呢？在 197 人當中，有 66 人採取了「吃某種特別的東西」，這是最多的迷信行為。

相信「我只要吃肉就能得到最佳表現！」的人，可能只要吃牛排，身體就會湧現力量。對那些人來說，肉就是護身符。

選擇「穿上特別的鞋子」或「穿上特別的衣服」的人，也有 51 人之多。對那些人來說，特定的「決勝裝」或許就是他們的護身符。

順帶一提，頂尖選手特別依賴迷信行為的時候，就是當對手「比自己厲害」的時候。

當對手「實力相當」或「比自己差」時，只要正常發揮就有可能贏，即使不仰賴迷信行為，好像也無所謂。

所以說，擁有自己專屬的護身符，或是設計自己專屬的迷信行為，是非常重要的事。

不要先入為主地認定：「因為這樣不科學，所以我才不做迷信行為。」請轉個念頭想：「總之我先隨便找個方法試試看。」如果多少有點效果那就是自己賺到，這樣想就對了。

> **結論**　如果可以藉由迷信行為發揮出超越實力的力量，何樂而不為。

避開苦的東西就對了

實驗

讓受試者進行以下的實驗：

A 組 喝苦的飲料。

B 組 喝水。

等受試者喝完之後詢問：「如果你在看電影時，後面有兩個年輕人一下製造噪音，一下踢你的椅背，請問這個時候，你會怎麼做呢？」當時的選項如下：

選項 1：移動到其他座位。

選項 2：轉頭威脅他們：「安靜一點，小心我揍人喔。」

結果

A 組 採取「威脅對方」這種攻擊性反應的比例較多。

B 組 採取「平和反應」的比例較多。

因斯布魯克大學（奧地利）
克莉絲汀娜・薩吉奧格婁（Christina Sagioglou）的實驗

換句話說，這是什麼意思呢？

喝苦的東西會讓我們變得易怒。

解說

　　辛香料很刺激的辣味食物，或含有咖啡因的咖啡等等，能讓身體變得亢奮。那些雖然是「讓人亢奮的食物」，卻不是「讓心沉靜下來的食物」。

　　如果想要讓心沉靜下來，請特別避開苦的東西。

　　如實驗所示，有研究顯示苦味會提高我們的敵意或攻擊性。

　　應該也有人會說：「咖啡我只喝苦的黑咖啡。」其實我自己也是，但我們必須注意：常喝苦的東西，會變得易怒。

　　是不是也有很多人覺得，啤酒是夏天不可或缺的飲料呢？其實我也是。不過，啤酒同樣帶有苦味，所以也有讓人變得易怒的風險。

　　會跟鄰桌客人吵架的人，有時可能是因為喝醉酒，但也有另一個可能是因為喝了威士忌或啤酒等帶有苦味的飲料。從這一點來說，喝雞尾酒等甜飲的人，就算喝醉了也不太會那樣胡鬧。

　　如果想和氣待人的話，不妨吃點甜食。關於甜食的部分，在下一篇有詳細討論，總之各位最好記住：要盡量避免苦味比較好。

結論　如果想讓心沉靜下來，
不要吃帶有苦味或刺激性的東西。

聞一聞香甜的氣味就對了

實驗

在實驗中讓受試者一邊忍耐一邊將手臂浸泡在冷水中。

A 組 一邊聞牛奶糖的香甜氣味，一邊將手臂泡在冷水中。

B 組 一邊聞鬍後乳液的香味（聞起來很舒服，但並不是香甜的氣味），一邊將手臂浸泡在冷水中。

C 組 一邊聞動物的氣味（不舒服的氣味），一邊將手臂泡在冷水中。

結果

A 組 可以忍耐約 120 秒。

B 組 只能忍耐約 50 秒。

C 組 只能忍耐約 50 秒。

詹姆士庫克大學（澳洲）約翰・普雷斯考特（John Prescott）的實驗

換句話說，這是什麼意思呢？

嗅聞香甜的氣味，比較能夠忍耐痛苦的狀況。

解說

巧克力、蛋糕、牛奶糖或泡芙等甜食，吃起來是不是心情非常愉快呢？如果想要迅速擁有愉快的心情，攝取糖分是最快的方法。甜食具有如麻藥般的效果，能立即帶給我們飄飄欲仙的感覺。

　　無論碰到再難過的事，好像只要吃一口甜食，就能克服所有的問題。甜食能夠有效提高我們對痛苦或難過的抵抗力，或者說耐性。

　　但如果老吃甜食的話，當然會變胖。因此，雖然事實上只要吃甜食即可，但我想退而求其次的策略，應該可以改成「享受香甜的氣味」，這樣應該也有充分的效果吧。如果是香氣的話，體重就不會增加，所以大可放心。

　　我在方法 79 中曾建議：「想舒緩緊張情緒，可以使用薰衣草或花香類的精油。」氣味香甜的「香草」或許也不錯。我想只要按照個人喜好選擇即可。

　　「今天工作有點忙，感覺有點精神不濟。」遇到這樣的日子，不妨在回家路上買杯香草冰淇淋。如果擔心變胖的話，就靠氣味香甜的精油忍耐一下。不過，糖分也是我們身體必需的營養素，所以偶爾放縱自己一下，小杯的冰淇淋是可以的。

　　先舒舒服服地泡個澡，讓身體放鬆下來，洗完澡後再來杯甜滋滋的冰淇淋，相信就能夠把大部分的煩心事拋在腦後了。

結論　**精疲力竭的時候，聞一聞香甜的氣味熬過去。**

補充保健食品就對了

實驗

　　為了探討「人會變得易怒的原因，是不是在於營養不均衡」，將收容在監獄的囚犯分成2組進行實驗。實驗者推測囚犯雖比普通人明顯更具攻擊性，但也許是與營養有關，而不是受天生的性情影響。

第 1 組　參考營養師的意見，準備維生素、礦物質、必需脂肪酸等含量充足的保健食品提供給受試者。

第 2 組　謊稱是保健食品，提供與營養均衡完全無關的安慰劑（偽藥），以作為對照組。

結果

　　分析機構內的報告書發現：

第 1 組　暴力、衝突或不服從命令等情況減少了 35.1%。

第 2 組　暴力、衝突或不服從命令等情況減少了 6.7%。

薩里大學（英國）伯納德・蓋許（Bernard Gesch）的實驗

換句話說，這是什麼意思呢？

只要確實補充保健食品達到營養均衡，

心理也會變得比較穩定。

解說

　　一旦身體的營養失衡，心理也一定會變得不太對勁。假如難以自我察覺，還會讓問題愈來愈嚴重。如果感覺到「哪裡不太對勁」的話，很有可能是營養十分不均衡的緣故。

　　最近是否時常感覺到「莫名心浮氣躁」、「總覺得哪裡怪怪的」或「最近很容易累」，說不定正是因為光吃自己喜歡的食物，導致營養失衡的緣故。

　　一旦處於營養失衡的狀態，想光靠自己的意志力來整頓心理狀態，也不是隨隨便便就能做到的。此時，就需要攝取保健食品，來補足現代人容易缺乏的營養。

　　就算你認為自己都有好好吃飯了，但要真的完整攝取到一天所需的營養素，其實是很困難的事情。大量攝取蔬菜或大量攝取肝臟，應該可以說是不可能的事吧。因此，用保健食品來補充營養是很重要的。

　　或許有人會對經常服用保健食品有所抗拒，但保健食品並不是藥物，因此請儘管放心。

　　維生素、鐵、鋅、DHA（二十二碳六烯酸）等各式各樣的保健食品，市面上都有販售，不知道該攝取哪些營養素才好的人，可以向店員諮詢後，選擇所有成分都有適當含量的綜合維他命，而不要一口氣吞好多顆不同種類的保健食品。

結論 營養失衡的話，就用保健食品補足所需的營養，而且也有益於穩定心情。

吃東西就對了

調查

詢問 500 名大學生：「請問你在感受到壓力時，會如何排解呢？」

結果

很多人回答：「吃東西。」各項回答的
實際數字如下表所示：

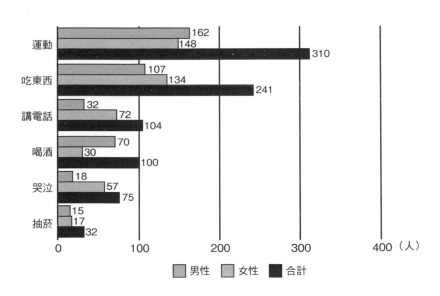

最常見的紓壓法是「運動」，其次是「吃東西」。

邁阿密大學（美國）黛安娜・史匹曼（Diana Spillman）的調查

換句話說，這是什麼意思呢？

吃東西也是不錯的紓壓法。

解說

　　我們只要吃東西，就會覺得心情舒暢。事情就是這麼簡單，只要吃東西，身心都會感到愉悅。

　　順帶一提，黛安娜・史匹曼也詢問：「那請問你都吃什麼呢？」其中有 114 名男性與 85 名女性回答「披薩」。看來碳水化合物效果似乎不錯。此外，也有很多人會吃水果等食物來攝取維生素。

　　各位不妨在冰箱裡存放自己喜歡的食物，每當覺得心理不太舒服時，就拿出來吃一口吧，因為喜歡的食物也可以代替護身符。

　　有些女性會在包包裡放一些小點心，時不時地給自己來段「零食時光」，這從心理學的角度來說是好事。男性也可以學習一下，在一天當中的空閒時段安排這樣的「零食時光」。

　　食物是驅動我們身體和大腦的能量來源，因此「覺得有壓力時，先吃再說」實在是很合理的方法，畢竟如果不灌入能量，身體不可能會有力氣。

　　我想也有人會為了避免肥胖而決定「我絕對不吃零食」，但人類這種生物，如果不吃點食物，就會陷入能量不足的狀態。雖然努力保持纖細身材不是壞事，但也請別忘記多少要吃點東西才行，反正吃一吃再多運動就好了。

結論

覺得有壓力時，就做做運動、吃點東西吧。

牽手就對了

在實驗中給予 16 名已婚女性強烈的電擊。不過在電擊的當下，有 3 種設定條件，分別為：

A 組　由丈夫握著手。

B 組　由男性實驗者握著手。

C 組　沒有任何人握著手。

結果

用功能性磁振造影（fMRI）調查腦部在電擊過程中的反應。

A 組　可以抑制神經系統的活化，不易感受到電擊造成的疼痛。

B 組　無法抑制神經系統的活化。

C 組　無法抑制神經系統的活化。

除此之外……

婚姻品質也有關聯。婚姻滿意度愈高的人，由丈夫握著自己的手會愈安心。

維吉尼亞大學（美國）詹姆斯・科恩（James Coan）的實驗

換句話說，這是什麼意思呢？

被心愛的人或可以信任的人握著自己的手，
內心會比較安定且獲得療癒。

解說

　　有時街上可以看到年輕情侶感情很好地手牽手走在一起。到了中老齡的階段，牽手走在路上或許令人害羞，但牽手其實有助於穩定心理。如果有情人或配偶的話，不妨試著手牽手走在一起吧。

　　早期因為沒有像現代一樣充足的治療法或藥物，所以就算有疼痛的部位，唯一能夠做的，大概也只有把手放在患部上而已。因此，至今在日文當中，依然對於治療這件事，保留著「把手放上去」的說法。

　　歐美的情況似乎也大同小異，治療時一樣會使用到手，尤其「國王之手」更被認為具有非常強大的力量，據說國王用手觸摸來替民眾治病一事，又被稱作「皇室的觸摸加持」（Royal touch）。

　　雖然不知道把其他人的手想成「療癒心靈的東西」是否合適，但偶爾也和心愛的人牽牽手吧，說不定真的有意想不到的效果。

　　據說癌症末期患者的疼痛連止痛藥都很難發揮效果，但只要家人握著患者的手，他們就會露出平靜的神情。或許讓人握著自己的手，真的能夠得到跟藥物一樣，甚至更好的止痛效果。

結論　**大方地向親近的人提出要求說：「我想要你牽我的手。」**

擁有高級品就對了

調查

　　「我們的自我意識是否會延伸到自己身上穿戴的物品，或自己所擁有的物品上？」經研究後，猶他大學的羅素．貝爾克（Russell Belk）有以下的看法：

　例1　身穿西裝時，西裝是否也會成為「自我」的一部分？

　例2　駕駛汽車時，汽車是否也會成為「自我」的一部分？

結果

　　結果發現「擁有物品會使自我向外延伸」。羅素．貝爾克稱之為「延伸自我」。

猶他大學（美國）羅素．貝爾克的調查

換句話說，這是什麼意思呢？

只要穿戴高級品，就能產生「我是值得擁有高級品的人」的自我意識。

解說

　　如果身上穿戴高級品等令人稱羨的東西，我們會不會對自己產生自信呢？

答案是「會的」。

如果全身上下都用高級品的話，效果似乎會更好，但不需要做到那種程度。不過，我想身上最好還是有一樣高級品比較好，而且是大家都叫得出名字的高級品。

這樣一來，心理上就有種好像很了不起的感覺，不管到哪裡都能夠氣定神閒，舉手投足充滿自信。

舉例而言，在手錶上花大錢的人，即使穿著全套 1 萬圓的西裝，跟人碰面時還是會表現得很有自信吧？想必也不會在心理上感到退卻，整個人畏畏縮縮的。或者換成鞋子也不錯，只要穿著高級的鞋子，那就會成為自信心的來源。

我以前對於高級品沒有什麼堅持，總是穿著看起來很便宜的西裝，但我發現每當我穿著那樣的服裝出席演講或講座時，心理上總是會感到畏縮。

因此，我痛定思痛地告訴自己：「這樣下去不行！」並開始改穿高級的西裝。由於價格昂貴，因此花了我不少錢，但我也實際體驗到，它確實能讓人得到相應的心理滿足感與安定感。

我並不是說：「請隨便花錢。」但該花的錢千萬不能省。穿戴高級品會讓人覺得自己連品味也提升了，甚至能夠強化「我是優秀的人」的自我意識。錢，就該花在該花的地方。

結論　**對自己沒自信時，也可以仰賴高級品。**

在錢包裡放一堆現金就對了

實驗

在超過 14 萬人的全國性調查中，調查推特上的推文，並研究推文者的特徵。

結果

愈有錢的人，愈不會推文抱怨、宣洩不滿或罵人。

卡普頓大學（加拿大）
史都華・麥肯（Stewart McCann）的實驗

換句話說，這是什麼意思呢？

有錢人精神上比較安定，不容易感到不滿，也很少在推特上有負面的推文。

解說

我曾聽說黑道分子都會把錢包裝滿現金隨身攜帶。在黑社會打滾，一旦被人瞧不起就沒戲唱了，所以他們才會隨身攜帶大把鈔票，好讓自己隨時看起來充滿自信。

身上帶著足夠多的錢的話，緊要關頭就可以使用，自然而然會覺得很安心。如果錢包裡只有 1000 日圓或零錢的話，就會很容易產生「萬一有需要時該怎麼辦？」的焦慮感，而那股焦慮感會讓人失去自信。

只放信用卡是不行的，請務必帶著現金在身上。只要隨時隨地攜帶充分無虞的現金，光靠那些就可以放心生活了喔。

　　大部分的上班族都不會放太多錢在錢包裡。我想或許就是因為這樣，所以才會在心理上變得畏縮不定，容易感到焦慮或緊張吧。

　　相較之下，以前的日本上班族更為坦然無懼，想必是因為錢包裡隨時都放著滿滿的現金，所以強化了自我意識的關係。

　　日本也有句話說：「有錢人不與人爭執。」對吧？

　　有錢人總是心平氣和的，不會為了小事找碴，就算有人做了什麼討厭的事，也會一笑置之。正因為有錢人總是保持沉著大方的從容，所以也不會與別人起爭執。

　　如果各位是膽小謹慎，或者害羞內向而無法勇往直前的人，有部分很可能是個性的問題，但另一個可以推測的理由，就是「因為身上沒有帶太多錢」。

　　只要在錢包裡放許多現金，就算是在商場上的談判場合，肯定也能夠表現出強勢的態度。就像身上帶著大把鈔票的黑道分子，碰到任何狀況都不會退縮一樣。

　　至於要帶多少錢才夠，答案因人而異。如果錢包裡有 3 萬日圓就足以讓自己變堅強，那 3 萬日圓就可以了，如果一定要有 10 萬日圓才會安心，那就必須帶到 10 萬日圓才可以。

結論　　**在錢包裡放許多現金，能讓人保持精神上的安心感。**

能讓內心舒暢愉悅的方法，
都是好方法

保持內心的安寧，相信對任何人來說都是很重要的事。

儘管如此，大部分人都不會認真去思考，究竟該怎麼做才能活得安心自在。

「反正只能順其自然。」

「心不可能靠意識去控制，所以想再多也沒用。」

難道我們只能這樣雙手一攤嗎？

不，應該不是那樣吧。我想，也許

只是沒有人好好教過我們，
保持內心平靜的方法。

只要有任何人能夠給予指導，大部分的人都會想要立刻採取行動吧，因為內心保持平靜是一件好事，應該沒有人會對這點持反對意見才是。

本書就是經過徹底調查各種讓內心安定自在的方法後，執筆而成的作品。

我的想法就是，既然沒有人能夠教我們如何保持內心安定，那就由我這個不自量力的人，試著來當那位指導老師吧。

既然決定這樣做，我當然要收集每個人都能夠輕鬆且立即實踐的方法。本書沒有介紹任何必須像痛苦修行一樣的方法。或許有人認為必須經過一而再、再而三的痛苦磨練，最後才能得到內心的安寧，但絕對沒有那回事。

很多方法都可以更輕易地釋放我們的內心重擔。在距今超過 2500 年以前，釋迦牟尼在經歷數年把自己逼到極限的苦行生活後，最終醒悟到。

苦行沒有意義，人不需要苦行。

本書介紹的都是一般人可以輕而易舉實踐的方法。如果各位能夠嘗試一兩種本書的方法，相信一定能實際體驗到驚人的效果。

「這麼輕易就讓內心變得舒暢愉悅，真的可以嗎？」

只要透過簡單的做法，心就會變得很輕盈。

最後，在執筆本書之際，承蒙 SB 創意的石井顯一先生關照。藉此版面致上感謝之意。本書能夠問世，也是托石井先生的福，謝謝。

202

此外，我也要向各位讀者致謝，衷心感謝各位撥冗閱讀到最後的最後，謝謝。

總之，我已盡力搜羅各種心理學技巧，在最後擱筆的同時，誠心希望本書能有任何一個方法幫助到各位讀者。

參考文獻

Allen, K., Shykoff, B., & Izzo, J. 2001 Pet ownership but not ACE inhibitor therapy, Blunts home blood pressure responses to mental stress. Hypertension, 38, 815-820.

Andrews, B., & Brown, G. W. 1995 Stability and change in low self-esteem：The role of psychosocial factors. Psychological Medicine, 25, 23-31.

Ariely, D., & Wertenbrock, K. 2002 Procrastination, deadlines, and performance：Self-control by precommitment. Psychological Science, 13, 219-224.

Bandiera, O., Barankay, I., & Rasul, I. 2010 Social incentives in the workplace. Review of Economic Studies, 77, 417-458.

Bandura, A., & Schunk, D. H. 1981 Cultivating competence, self-efficacy, and intrinsic interest through proximal self-motivation. Journal of Personality and Social Psychology, 41, 586-598.

Barton, J., & Jules, P. 2010 What is the best dose of nature and green exercise for improving mental health? Environmental Sciences & Technology, 44, 3947-3955.

Beaumont, C., Maynard, I. W., & Butt, J. 2015 Effective ways to develop and maintain robust sport confidence：Strategies advocated by sport psychology consultants. Journal of Applied Sport Psychology, 27, 301-318.

Beilock, S. L., Carr, T. H., MacMahon, C., & Starkes, J. L. 2002 When paying attention becomes counterproductive：Impact of divided versus skill-focused attention on novice and experienced performance of sensorimotor skills, 8, 6-16.

Belk, R. W. 1988 Possessions and the extended self. Journal of Consumer Research, 15, 139-168.

Berman, M. G., Jonides, J., & Kaplan, S. 2008 The cognitive benefits of interacting with nature. Psychological Science, 19, 1207-1212.

Berto, R. 2005 Exposure to restorative environments helps restore attentional capacity. Journal of Environmental Psychology, 25, 249-259.

Bluedorn, A. C., Turban, D. B., & Love, M. S. 1999 The effect of stand-up and sit-down meeting formats on meeting outcomes. Journal of Applied Psychology, 84, 277-285.

Bradley, G. L., & Sparks, B. A. 2000 Customer reactions to staff empowerment : Mediators and moderators. Journal of Applied Social Psychology, 30, 991-1012.

Brinol, P., Petty, R. E., & Wagner, B. 2009 Body posture effects on selfevaluation : A self-validation approach. European Journal of Social Psychology, 39, 1053-1064.

Brooks, A. W. 2014 Get excited : Reappraising pre-performance anxiety as excitement. Journal of Experimental Psychology : General, 143, 1144-1158.

Burnett, K. M., Solterbeck, L. A., & Strapp, C. M. 2004 Scent and mood state following an anxiety-provoking task. Psychological Reports, 95, 707-722.

Bushman, B. J. 2002 Does venting anger feed or extinguish the flame? Catharsis, rumination, distraction, anger, and aggressive responding. Personality and Social Psychology Bulletin, 28, 724-731.

Butler, E. A., Egloff, B., Wilhelm, F. H., Smith, N. C., Erickson, E. A., & Gross, J.

J. 2003 The social consequences of expressive suppression. Emotion, 3, 48-67.

Cline, K. M. C. 2010 Psychological effects of dog ownership : Role strain, role enhancement, and depression. Journal of Social Psychology, 150, 117-131.

Coan, J. A., Schaefer, H. S., & Davidson, R. J. 2006 Lending a hand. Social regulation of the neural response to threat. Psychological Science, 17, 1032-1039.

Dabbs, J. M. Jr., deLaRue, D., & Williams, P. M. 1990 Testosterone and occupational choice : Actors, ministers, and other men. Journal of Personality and Social Psychology, 59, 1261-1265.

de la Cerda, P., Cervello, E., Cocca, A., & Viciana, J. 2011 Effect of an aerobic training program as complementary therapy in patients with moderate depression. Perceptual and Motor Skills, 112, 761-769.

Erickson, T. M., & Abelson, J. L. 2012 Even the downhearted may be uplifted : Moral elevation in the daily life of clinically depressed and anxious adults. Journal of Social and Clinical Psychology, 31, 707-728.

Foo, M. D., Uy, M. A., & Baron, R. A. 2009 How do feelings influence effort? An empirical study of entrepreneurs' affect and venture effort. Journal of Applied Psychology, 94, 1086-1094.

Gesch, C. B., Hammond, S. M., Hampson, S. E., Eves, A., & Crowder, M. J. 2002 Influence of supplementary vitamins, minerals and essential fatty acids on the antisocial behaviour of young adult prisoners. British Journal of Psychiatry, 181, 22-28.

Geschwind, N., Peeters, F., Drukker, M., Os, J. V., & Wichers, M. 2011 Mindfulness training increase momentary positive emotions and reward experience in adults vulnerable to depression ∶ A randomized controlled trial. Journal of Consulting and Clinical Psychology, 79, 618-628.

Giesler, R. B., Josephs, R. A., & Swann, W. B. Jr. 1996 Self-verification in clinical depression ∶ The desire for negative evaluation. Journal of Abnormal Psychology, 105, 358-368.

Gleason, M. E. J., Iida, M., Shrout, P. E., & Bolger, N. 2008 Deceiving support as a mixed blessing ∶ Evidence for dual effects of support on psychological outcomes. Journal of Personality and Social Psychology, 94, 824-838.

Gray, S. W. 1990 Effect of visuomotor rehearsal with videotaped modeling on racquetball performance of beginning players. Perceptual and Motor Skills, 70, 379-385.

Greitemeyer, T. 2009 Effects of songs with prosocial lyrics on prosocial thoughts, affect, and behavior. Journal of Experimental Social Psychology, 45, 186-190.

Hajo, A., & Galinsky, A. D. 2012 Enclothed cognition. Journal of Experimental and Social Psychology, 48, 918-925.

Hansel, T. C., Nakonezny, P. A., & Rodgers, J. L. 2011 Did divorces decline after the attacks on the world trade center? Journal of Applied Social Psychology, 41, 1680-1700.

Hatzigeorgiadis, A., Galanis, E., Zourbanos, N., & Theodorakis, Y. 2014 Self-talk and competitive sport performance. Journal of Applied Sport Psychology, 26, 82-95.

Hawk, S. T., Fischer, A. H., & Van Kleef, G. A. 2012 Face the noise ∶ Embodied responses to nonverbal vocalizations of discrete emotions. Journal of

Personality and Social Psychology, 102, 796-814.

Heerdink, M. W., van Kleef, G. A., Homan, A. C., & Fischer, A. H. 2013 On the social influence of emotions in groups : Interpersonal effects of anger and happiness on conformity versus deviance. Journal of Personality and Social Psychology, 105, 262-284.

Heiby, E. M., & Mearig, A. 2002 Self-control skills and negative emotional state : A focus on hostility. Psychological Reports, 90, 627-633.

Hodge, K., & Smith, W. 2014 Public expectation, pressure, and avoiding the choke : A case study from elite sport. The Sport Psychologist, 28, 375-389.

Huffmeier, J., Krumm, S., Kanthak, J., & Hertel, G. 2012 "Don't let the group down" : Facets of instrumentality moderate the motivating effects of groups in a field experiment. European Journal of Social Psychology, 42, 533-538.

Kalliopuska, M. 2008 Personality variables related to shyness. Psychological Reports, 102, 40-42.

Kasser, T., & Ryan, R. M. 1996 Further examining the American dream : Differential correlates of intrinsic and extrinsic goals. Personality and Social Psychology Bulletin, 22, 280-287.

Kinnier, R. T., Tribbensee, N. E., Rose, C. A., & Vaughan, S. M. 2001 In the final analysis : More wisdom from people who have faced death. Journal of Counseling and Development, 79, 171-177.

Koch, S. C., Morlinghaus, K., & Fuchs, T. 2007 The joy dance. Specific effects of a single dance intervention on psychiatric patients with depression. The Arts in Psychotherapy, 34, 340-349.

Kudo, K., Park, H., Kay, B. A., & Turvey, M. 2006 Environmental coupling modulates the attractors of rhythmic coordination. Journal of Experimental Psychology：Human Perception and Performance, 32, 599-609.

Larsen, R. J., Kasimatis, M., & Frey, K. 1992 Facilitating the furrowed brow： An unobtrusive test of the facial feedback hypothesis applied to unpleasant affect. Cognition and Emotion, 6, 321-338.

Lautenbach, F., Laborde, S., Mesagno, C., Lobinger, B. H., Achtzehn, S., & Arimond, F. 2015 Nonautomated pre-performance routine in tennis：An intervention study. Journal of Applied Sport Psychology, 27, 123-131.

Lee, E. H., & Schnall, S. 2014 The influence of social power on weight perception. Journal of Experimental Psychology：General, 143, 1719-1725.

Legrand, F. D., & Apter, M. J. 2004 Why do people perform thrilling activities? A study based on reversal theory. Psychological Reports, 94, 307-313.

Levine, R. V., Noresnzanyan, A., & Philbrick, K. 2001 Cross-cultural differences in helping strangers. Journal of Cross-Cultural Psychology, 32, 543-560.

Lewis, C. C., Simons, A. D., Silva, S. G., Rohde, P., Small, D. M., Murakami, J. L., High, R. R., & March, J. S. 2009 The role of readiness to change in response to treatment of adolescent depression. Journal of Consulting and Clinical Psychology, 77, 422-428.

Lyubomirsky, S. L., Sheldon, K. M., & Schkade, D. 2005 Pursuing happiness： The architecture of sustainable change. Review of General Psychology, 9, 111-131.

松本じゅん子　2002　音楽の気分誘導効果に関する実証的研究　教育心理学研究, 50, 23-32.

McAuley, E., Blissmer, B., Marquez, D. X., Jerome, G. J., Kramer, A. F., & Katula, J. 2000 Social relations, physical activity, and well-being in older adults. Preventive Medicine, 31, 608-617.

McCann, S. J. H. 2014 Happy twitter tweets are more likely in American States with lower levels of resident neuroticism. Psychological Reports, 114, 891-895.

Nass, C., & Lee, K. M. 2001 Does computer-synthesized speech manifest personality? Experimental tests of recognition, similarity-attraction, and consistency-attraction. Journal of Experimental Psychology : Applied, 7, 171-181.

Orpen, C. 1994 The effect of time-management training on employee attitudes and behavior : A field experiment. Journal of Psychology, 128, 393-396.

Paulhus, D. L. 1998 Interpersonal and intrapsychic adaptiveness of trait selfenhancement : A mixed blessing? Journal of Personality and Social Psychology, 74, 1197-1208.

Petit, E., Bourdin, H., Mougin, F., Tio, G., & Haffen, E. 2013 Time-of-day effects on psychomotor and physical performances in highly trained cyclists. Perceptual and Motor Skills, 117, 376-388.

Philippen, P. B., Bakker, F. C., Oudejans, R. R. D., & Canal-Bruland, R. 2012 The effects of smiling and frowning on perceived affect and exertion while physically active. Journal of Sport Behavior, 35, 337-53.

Piliavin, J. A., Callero, P. L., & Evans, D. E. 1982 Addiction to altruism? Opponent-process theory and habitual blood donation. Journal of Personality and Social Psychology, 43, 1200-1213.

Pines, A., & Aronson, E. 1983 Antecedents, correlates, and consequences of sexual jealousy. Journal of Personality, 51, 108-136.

Pool, M. M., Koolstra, C. M., & Voort, T. H. A. V. 2003 The impact of background radio and television on high school students homework performance. Journal of Communication, 53, 74-87.

Prescott, J., & Willkie, J. 2007 Pain tolerance selectively increased by a sweetsmelling odor. Psychological Science, 18, 308-311.

Raikov, V. L. 1976 The possibility of creativity in the active stage of hypnosis. International Journal of Clinical and Experimental Hypnosis, 24, 258-268.

Randler, C. 2009 Proactive people are morning people. Journal of Applied Social Psychology, 39, 2787-2797.

Roberts, T. A., & Arefi-Afshar, Y. 2007 Not all who stand tall are proud : Gender differences in the proprioceptive effects of upright posture. Cognition and Emotion, 21, 714-727.

Rodin, J., & Langer, E. J. 1977 Long-term effects of a control-relevant intervention with the institutionalized aged. Journal of Personality and Social Psychology, 35, 397-402.

Ruedy, N. E., Moore, C., Gino, F., & Schweitzer, M. E. 2013 The Cheater's high : The unexpected affective benefits of unethical behavior. Journal of Personality and Social Psychology, 105, 531-548.

Rymal, A. M., Martini, R., & Ste-Marie, D. M. 2010 Self-regulatory processes employed during self-modeling : A qualitative analysis. The Sport Psychologist, 24, 1-15.

Sagioglou, C., & Greitemeyer, T. 2014 Bitter taste causes hostility. Personality and Social Psychology Bulletin, 40, 1589-1597.

Sanna, L. J., Chang, E. C., Carter, S. E., & Small, E. M. 2006 The future is now : Prospective temporal self-appraisals among defensive pessimists and optimists. Personality and Social Psychology Bulletin, 32, 727-739.

Satchell, L., Morris, P., Mills, C., O'Railly, L., Marshman, P., & Akehurst, L. 2017 Evidence of big five and aggressive personalities in gait biomechanics. Journal of Nonverbal Behavior, 41, 35-44.

Shen, L., Fishbach, A., & Hsee, C. K. 2015 The motivating-uncertainty effect : Uncertainty increases resource investment in the process of reward pursuit. Journal of Consumer Research, 41, 1301-1315.

Schippers, M. C., & Van Lange, P. A. M. 2006 The psychological benefits of superstitious rituals in top sport : A study among top sportspersons. Journal of Applied Social Psychology, 36, 2532-2553.

Schnall, S., & Laird, J. D. 2003 Keep smiling : Enduring effect of facial expressions and postures on emotional experience and memory. Cognition and Emotion, 17, 787-797.

Scholey, A., Haskell, C., Robertson, B., Kennedy, D., Milne, A., & Wetherell, M. 2009 Chewing gum alleviates negative mood and reduces cortisol during acute laboratory psychological stress. Physiology & Behavior, 97, 304-312.

Sedikides, C., Rudich, E. A., Gregg, A. P., Kumashiro, M., & Rusbult, C. 2004 Are normal narcissists psychologically healthy? : Self-esteem matters. Journal of Personality and Social Psychology, 87, 400-416.

Shiv, B., Carmon, Z., & Ariely, D. 2005 Placebo effects of marketing actions :

Consumers may get what they pay for. Journal of Marketing Research, 42, 383-393.

Spillman, D. 1990 Survey of food and vitamin intake responses reported by university students experiencing stress. Psychological Reports, 66, 499-502.

Spinella, M., & Lester, D. 2006 Can money buy happiness? Psychological Reports, 99, 992.

Stephens, R., & Umland, C. 2011 Swearing as a response to pain-effect of daily swearing frequency. Journal of Pain, 12, 1274-1281.

Stone, N. J. 2003 Environmental view and color for a simulated telemarketing task. Journal of Environmental Psychology, 23, 63-78.

Sy, T., Cote, S., & Saavedra, R. 2005 The contagious leader：Impact of the leader's mood on the mood of group affective tone, and group processes. Journal of Applied Psychology, 90, 295-305.

Tanner, V. L., & Hollman, W. B. 1988 Effectiveness of assertiveness training in modifying aggressive behaviors of young children. Psychological Reports, 62, 39-46.

Tedeschi, R. G., & Calhoun, L. G. 2004 Posttraumatic growth：Conceptual foundations and empirical evidence. Psychological Inquiry, 15, 1-18.

Thayer, R. E., Newman, R., & McClain, T. M. 1994 Self-regulation of mood：Strategies for changing a bad mood, raising energy, and reducing tension. Journal of Personality and Social Psychology, 67, 910-925.

Thoits, P. A., & Hewitt, L. N. 2001 Volunteer work and well-being. Journal of Health and Social Behavior, 42, 115-131.

Vikan, A., Dias, M., & Nordvik, H. 2009 Perceived efficiency and use of strategies for emotion regulation. Psychological Reports, 104, 455-467.

Weiss, M. R., McCullagh, P., Smith, A. L., & Berlant, A. R. 1998 Observational learning and the fearful child : Influence of peer models on swimming skill performance and psychological responses. Research Quarterly for Exercise and Sport, 69, 380-394.

Wernicke, R. A., Pearlman, M. Y., Thorndike, F. P., & Haaga, D. A. F. 2006 Depression proneness and reactions to a depressive stimulus. Journal of Psychology, 140, 69-79.

White, K., & Lehman, D. R. 2005 Culture and social comparison seeking : The role of self-motives. Personality and Social Psychology Bulletin, 31, 232-242.

Wing, R. R., Papandonatos, G., Fava, J. L., Gorin, A. A., Phelan, S., McCaffery, J., & Tate, D. F. 2008 Maintaining large weight losses : The role of behavioral and psychological factors. Journal of Consulting and Clinical Psychology, 76, 1015-1021.

Worchel, S. 1974 The effect of three types of arbitrary thwarting on the instigation to aggression. Journal of Personality, 42, 300-318.

Worringham, C. J., & Messick, D. M. 1983 Social facilitation of running : An unobtrusive study. Journal of Social Psychology, 121, 23-29.

Zeidner, M., & Schleyer, E. J. 1998 The big-fish-little-pond effect for academic self-concept, test anxiety, and school grades in gifted children. Contemporary Educational Psychology, 24, 305-329.

沒人看見的時候，就要過得舒舒服服

用 60% 精力創造 99% 效率，不努力生活法大全
【總之你會越來越輕鬆就對了！】

がんばらない生き方大全 世界最先端の心理学が教える
「無理せずパフォーマンスが上がる」方法

作　　　者　內藤誼人
譯　　　者　劉格安
主　　　編　林玟萱

總 編 輯　李映慧
執 行 長　陳旭華（steve@bookrep.com.tw）

出　　　版　大牌出版／遠足文化事業股份有限公司
發　　　行　遠足文化事業股份有限公司（讀書共和國出版集團）
地　　　址　23141 新北市新店區民權路 108-2 號 9 樓
電　　　話　+886-2-2218-1417
郵撥帳號　19504465　遠足文化事業股份有限公司

封面設計　張天薪
排　　　版　藍天圖物宣字社
印　　　製　中原造像股份有限公司
法律顧問　華洋法律事務所　蘇文生律師

定　　　價　390 元
初　　　版　2023 年 07 月

有著作權 侵害必究（缺頁或破損請寄回更換）
本書僅代表作者言論，不代表本公司／出版集團之立場

GAMBARANAI IKIKATA TAIZEN
Copyright © 2022 YOSHIHITO NAITO
All rights reserved.
Originally published in Japan in 2022 by SB Creative Corp.
Traditional Chinese translation rights arranged with SB Creative Corp. through
AMANN CO., LTD.
Complex Chinese translation copyright © 2023 by Streamer Publishing, an imprint of
Walkers Cultural Co.,Ltd.

國家圖書館出版品預行編目 (CIP) 資料

沒人看見的時候，就要過得舒舒服服：用 60% 精力創造 99% 效率，不努力生
活法大全【總之你會越來越輕鬆就對了！】／內藤誼人著；劉格安譯 . -- 初版 . --
新北市：大牌出版，遠足文化發行，2023.07
224 面；14.8×21 公分
譯自：がんばらない生き方大全：世界最先端の心理学が教える「無理せずパ
フォーマンスが上がる」方法
ISBN 978-626-7305-61-4（平裝）
1. 應用心理學 2. 生活指導

112010860